야생화 자수, 시가 되다

일러두기

* 스티치 설명에서 ①, ②는 실의 가닥입니다.
* 14p~85p에 시와 함께 소개한 자수의 도안과 스티치 설명은 부록에 수록되어 있습니다.

야생화 자수,
시가 되다

글. 자수 **김주영**
시 **나태주**

웅진 리빙하우스

둘이지만
둘이 아닌 세상

일찍이 시가 노래와 함께하고 그림과 함께하고 사진과 함께해서 새로운 또 다른 세상을 만듦을 우리는 모르지 않습니다. 그러나 자수와 시의 어울림은 금시초문입니다.

자수는 이제 홀로 자수가 아니라 시와 어깨동무하면서 자수입니다. 시는 저 혼자 호젓이 시가 아니라 자수와 어울려 한 지붕 아래 한 밥상과 찻상 앞에서 시입니다. 이웃을 넘어 가족의 단란(團欒)으로 도란도란 주고받는 이야기가 지극히 고즈넉하고 의초롭습니다.

개인적인 호사요 감사요 기쁨입니다. 행운입니다. 결단코 아름답지도 않고 선하지도 않은 우리들 울퉁불퉁한 삶 속에서 때로는 우리가 이렇게 아름다운 사람들이어도 좋겠고 눈물 글썽이는 사람들이어도 좋겠고 한때 꿈을 꾸는 사람들이어도 충분히 좋겠습니다.

김주영 작가가 열어주는 새롭고도 아름답고 신선하기 이를 데 없는 마음의 오솔길입니다. 부드러운 그녀의 손길이, 물기 머금은 그녀의 음성이 내미는 아름다운 초청입니다. 다만 우리는 그녀의 나직한 음성과 손길에 끌려 멀리멀리 따라가 보기만 하면 됩니다.

그나저나 이 많은 색실을 풀어 이토록 예쁜 꽃들을 불러내느라고 그녀의 손끝은 얼마나 시렸고 아프다 못해 피멍이 들었을까. 길고 긴 시간들을 곧추앉아 그녀의 허리와 어깨는 얼마나 고달프고 결렸을까. 다가가 거친 손이라도 내밀어 주물러 주고 싶은 심정입니다.

당신의 성공은 이제 우리의 성공이고 당신의 기쁨은 이제 우리의 기쁨입니다. 자, 우리의 기쁨 우리의 성공을 위해 손을 잡읍시다. 그리고는 한발 한발 앞으로 나아갑시다. 당신의 마음속에 숨 쉬고 있는 또 한 사람의 당신이 당신의 앞길을 안내해줄 것입니다.

이제 당신은 혼자가 아닙니다. 당신 안에 있는 또 다른 당신과 함께 당신입니다. 나 또한 혼자가 아닙니다. 내 안에 있는 또 다른 나와 함께 나입니다. 혼자이지만 혼자가 아닌 세상, 둘이지만 둘이 아닌 세상을 당신은 보여주었습니다.

이제 우리는 외로워도 외롭지 않은 사람들이고 고달파도 고달프지 않은 사람들이고 말없이 앉아있어도 많은 말을 하는 사람들입니다. 텅 비어 있어도 가득한 사람들입니다. 당신, 여기까지 오기를 참 잘했습니다. 더 멀리 가시기 바랍니다. 하지만 지치도록 그러지는 말고 고단한 눈살 쉬어가면서 천천히 오래 가시기 바랍니다.

나태주

야생화 자수를
놓는 시간

지금처럼 스케치북이나 크레용이 흔하지 않던 시절, 나는 초등학교에 입학하면서 처음으로 노트와 연필을 가지게 되었다. 지금도 그렇지만 그때는 그 하얀 종이가 마냥 신기하고 좋아서 공부보다는 온통 그림만 그렸다. 재밌는 상상들도 그리고, 떠오르는 생각도 그리고, 인상 깊은 장면도 그리고. 그때의 스케치북이 지금은 바느질이다. 바느질거리를 챙겨서 내 공간으로 들어가는 그 시간이 가장 행복한 때다. 야생화를 찾아 출사를 가고, 꽃을 사진에 담고, 스케치해서 도안 작업을 하고, 천에 스며들 듯 수를 놓는 과정이 내 가슴을 뛰게 한다. 좋아하는 일을 평생 할 수 있다는 것은 큰 축복이다. 자수를 놓는 일은 내게 축복이자 열정의 시작이다.

야생화 자수는 그림을 잘 그리면 더욱 좋지만, 잘 그리지 못해도 꾸준하게 연습하면 얼마든지 잘할 수 있다. 처음 자전거를 배웠을 때를 떠올려보자. 자꾸 넘어지고 다쳐도 포기하지 않으면 이내 중심을 잡게 된다. 페달을 밟을 때 느껴지는 속도감과 귓가를 스치는 바람은 배우는 과정에 대한 충분한 보상이 된다.

자수는 크게 동양 자수와 서양 자수로 나뉜다. 야생화 자수는 야생화를 모티브로 한 자수로 실용적이며 다양한 표현의 서양 자수와 섬세한 아름다움을 표현하는 동양 자수의 장점이 결합된 새로운 장르의 자수라고 할 수 있다. 퓨전이라는 이름하에 이질적인 것들이 어색하게 뒤섞인 것이 아닌, 스며들 듯 부드럽고 조화로운 야생화 자수는 회화성까지 가진 예술로 거듭났다. 그렇기에 이 야생화 자수를 나는 사랑할 수밖에 없나보다. 한 땀 한 땀 캔버스에 그림을 그리듯, 수를 놓다보면 창작이 주는 희열과 감동을 선물받기도 한다. 이 책을 읽는 독자들도 자신만의 스케치북을 찾고 그 안에 자신만의 그림을 채웠으면 한다. 인생의 빛깔이 더욱 풍부해질 것이다. 마지막으로, 자수 작품에 시를 더해주신 시인 나태주 님께 깊은 존경과 말로는 표현할 수 없는 감사를 보낸다.

2014년 6월 김주영

004 둘이지만 둘이 아닌 세상 -나태주
006 야생화 자수를 놓는 시간

한 땀:
야생화 자수, 시와 만나다

014 꽃
016 개망초
018 쑥부쟁이
020 들꽃
022 솔체꽃
026 별리
028 그 말
030 꽃무릇
032 개양귀비
034 메꽃
036 백목련
038 수수꽃다리
042 술패랭이꽃
044 구름

046 자목련
048 꽃그늘
050 일요일
052 그건 그렇다고
056 찔레꽃
058 후회
060 구절초
064 쾌청
066 싸리꽃
068 꽃신
070 꽃수

072 봄밤
074 여행
076 사는 법
078 민들레
080 팬지
082 연꽃
084 연꽃 그림

두 땀:
야생화 자수, 일상이 되다

090 나를 위한, 룸슈즈
　　 룸슈즈 만들기

096 사랑스러운 아기를 위한, 연잎 배냇저고리
　　 연잎 배냇저고리 만들기

100 헌 옷을 새 옷처럼, 셔츠 리폼
　　 셔츠 리폼하기

102 스승을 위한 작은 선물, 자수가 담긴 손수건
　　 손수건 만들기

106 알록달록 꽃송이, 티매트
　　 티매트 만들기

110 차와 꽃을 함께 맛보는, 다기주머니
　　 다기주머니 만들기

114 가지 끝 매화에 빠지다, 매화다포
　　 매화다포 만들기

118 커피와 차를 마음과 함께 담는, 광목 차주머니
　　 광목 차주머니 만들기

122 남편을 위한, 싸리꽃 수저집
　　 싸리꽃 수저집 만들기

126 부엌 앞에 선 당신을 위한, 앞치마
　　 앞치마 만들기

132 테이블을 더욱 화사하게 만드는, 식탁매트
　　 식탁매트 만들기

136 동글동글 사랑스러운, 호박 핀쿠션
　　 호박 핀쿠션 만들기

140 아버지의 안경집
안경집 만들기

144 친구와 나누어 갖고 싶은, 장미파우치
장미파우치 만들기

150 바구니에 행복을 담다, 사각 바구니 덮개
사각 바구니 덮개 만들기

150 사탕을 가득 담고 싶은, 원형 바구니 덮개
원형 바구니 덮개 만들기

156 언제나 내 편인 엄마를 위한, 팬지 보자기
팬지 보자기 만들기

160 나른한 오후가 기다려지는, 꽃자수 쿠션
꽃자수 쿠션 만들기

164 웃음이 가득한 친구를 위한, 여의주 러너
여의주 러너 만들기

170 작은 꽃이 모여 하나가 되다, 약장함
약장함 만들기

174 꽃이 비치는 작은 창문, 광목 가리개
광목 가리개 만들기

세 땀:
처음,
자수를 시작하다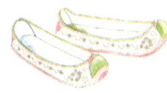

182 재료와 도구
186 원단 고르기
187 자수 시작하기
191 스티치와 바느질
194 자수가 완성되는 과정
196 수국이 피었습니다 -꽃이 자수가 되기까지-

부록 '야생화 자수, 시와 만나다'에 사용된 자수 도안과 설명

꽃 (바람꽃) 199 개망초 200 쑥부쟁이 201 들꽃 (꽃마리) 202 솔체꽃 203

별리 (금강초롱) 204 그 말 (깽깽이풀) 205 꽃무릇 206 개양귀비 207

메꽃 208 백목련 209 수수꽃다리 210 술패랭이꽃 211 구름 (억새풀) 212

자목련 213 꽃그늘 (제주달구지풀) 214 일요일 (조뱅이) 215 그건 그렇다고 (좀씀바귀꽃) 216

찔레꽃 217 후회 (참작약) 218 구절초 219 쾌청 (수국) 220 싸리꽃 221 꽃신 222

꽃수 (개구리갓) 223 봄밤 (모란) 224 여행 (상사화) 225 사는 법 (무릇) 226 민들레 227

팬지 228 연꽃 229 연꽃 그림 (연잎) 230

부록 책에 사용된 패턴

한 땀
-
야생화 자수, 시와 만나다

꽃

/ 2014

누군가 이 시간 당신을
사랑하는 사람이 있다고 생각하면
살맛이 날 것이다

어딘가 이 시간 당신을 위해
기도하는 사람이 있다고 생각하면
더욱 살맛이 날 것이다

더구나 당신이 세상으로부터
사랑받는 사람이라고 생각한다면
드디어 당신은 꽃이 될 것이다

팡! 터져버리는 그 무엇
알 수 없는 은은한 향기, 그것은
쉬운 일이기도 하고
어려운 일이기도 하다.

개망초

/ 1999

학명은 개망초. 사전에도 그렇게 나온다. 내가 어려서는 풍년초라 불렀고 더러는 담배나물이라 불렀다. 풍년 들기를 바라는 마음들이 그런 이름을 생각해내게 했고 담배가 귀하던 시절이라 그리 불렀던가 보다. 그러나 요즘 아이들은 똑같은 풀을 계란꽃이라 부른다. 새하얀 꽃 판이 계란의 흰자같이 보이고 노오란 꽃심이 노른자로 보였던 모양이다. 이거야말로 계란이 귀하고 귀하던 우리들 어린 날에는 상상조차 할 수 없던 꿈이요, 유추類推가 아니던가. 하나의 꽃, 꽃 이름을 두고서도 생각하는 바, 꿈꾸는 바가 참으로 멀고도 가깝다.

쑥부쟁이

/ 2014

오늘도 너의 마음 하나
얻지 못하여 쓸쓸한 날
혼자서 산길을 가면서
가을꽃 본다

무얼 그러시나요?
살아 있는 목숨만이라도
고마운 일 아닌가요?
쑥부쟁이 연한 바다 물빛
꽃송이를 흔든다.

들꽃

/ 1971

언제 적 잊어먹은
은가락지냐
누가 빠트리고 간
옛 얘기들이냐

물낯인 양 고요 고요론 어둠 속에
까마득히 잠들었거나
어쩌면 보오야니 눈을 터서
내게 오는 너

널 위해서라면
천둥 속같이 찢긴 가슴
다시 한 번 불붙는 노을이 되마
길 잃고 울음 우는 짐승이 되마

앞니 다 삭아 내리도록
알사탕 사먹던
어린 날의 그 숱한 동전닢들

함빡 내린 이슬에 모두 살아와
그만 새하얀 꽃이 되어
내 앞에 모였네.

솔체꽃

/ 2014

봄빛 속에서도
나는 손이 시리다

밝은 대낮에도
가슴은 엷은 보랏빛

손잡아다오
손을 좀 잡아주세요

마주 잡는 그 손도
차갑기는 마찬가지

밤새워 밤을 새워
울면서 꽃수라도 놓았나 보다.

별리

/ 2001

우리 다시는 만나지 못하리

그대 꽃이 되고 풀이 되고
나무가 되어
내 앞에 있는다 해도 차마
그대 눈치 채지 못하고

나 또한 구름 되고 바람 되고
천둥이 되어
그대 옆을 흐른다 해도 차마

나 알아보지 못하고

눈물은 번져
조그만 새암을 만든다
지구라는 별에서의
마지막 만남과 헤어짐

우리 다시 사람으로는 만나지 못하리.

그 말

/ 2011

보고 싶었다
많이 생각이 났다

그러면서도 끝까지
남겨두는 말은
사랑한다
너를 사랑한다

입속에 남아서 그 말
꽃이 되고
향기가 되고
노래가 되기를 바란다.

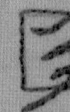

꽃무릇

/ 2014

수풀 사이 나무 밑동 사이
언뜻언뜻 보이는
새빨간 갑사댕기

그리워 보고지운 아이
너무나 어리고도 귀여운 아이
저 아이 떠날 때 너무 많이
울지 않게 하옵소서

중얼거리며 걷는 길
불갑사 오리 오리나무 숲길
가슴에 지펴서 꺼지지 않는
모닥불 한 움큼.

개양귀비

/ 2011

생각은 언제나 빠르고
각성은 언제나 느려

그렇게 하루나 이틀
가슴에 핏물이 고여

흔들리는 마음 자주
너에게 들키고

너에게 향하는 눈빛 자주
사람들한테도 들킨다.

메꽃

/ 1995

무찔레꽃
애기똥풀꽃
시계풀꽃
중얼거리다가
중얼거리다가
아, 저것은
메꽃
간들거리는
종 꽃부리
폐교된 산골 초등학교
아이들 없는
복도에
대롱대롱
목을 매단
녹슨 구리종

백목련   / 2014

많은 사람 아니다
많은 이름 아니다

오직 한 사람이 보고 싶고
오직 한 사람의 이름이
그리운 것이다

그것도 소복 차림의
나무연꽃.

수수꽃다리

/ 2013

그 마을에 가서
외진 그 마을에 가서
계집애 하나 만났네

못생기고 조그맣고 키 작은 아이
새초롬 웃음이 수줍은 아이
안쓰러워라 안쓰러워라

연보랏빛 웃음 바람에 날릴 때
그 마을에서 영영 돌아오지 말고
살고도 싶었네.

술패랭이꽃

/ 2014

해 저문 들길에
새 울음소리를 들었습니다

알 수 없는 처음 들어보는
새 울음이었습니다

당신은 지금 어디 계십니까?
당신은 너무 멀리 계십니다

바람도 없는데 머리칼이 조금 날리고
마음도 조금 아팠습니다

해 저문 들길에서 나는 지금
당신이 많이 보고 싶습니다.

구름

/ 2010

구름 높은 구름
좋다 내 마음도 높이 떴다

구름 하얀 구름
좋다 내 마음도 하얗다

거기 너도 있다
좋다 너도 웃는 얼굴이다.

자목련

/ 2014

낙타 눈물에 어린
자줏빛 노을

그렁그렁 종소리라도
들릴 듯

아라베스크 문양
비단 치맛자락

스치는 소리도
들릴 듯

머나먼 향기라도 그렇게
머금어야만 했다.

꽃그늘

/ 2011

아이한테 물었다

이담에 나 죽으면
찾아와 울어줄 거지?

대답 대신 아이는
눈물 고인 두 눈을 보여주었다.

일요일

/ 2011

너 어디쯤 갔느냐?
어디만큼 가
바람을 보았느냐?
꽃을 만났느냐?
꽃 속에 바람 속에
웃고 있는 나
보지 못했더냐?

그건 그렇다고

/ 2010

누군가 말했다
오늘은 어제 죽은 사람이 그렇게도
살고 싶었던 바로 그 내일이라고

누군가 또 말했다
그렇다면 당신은 지금 죽었다가
다시 태어나 천국에 사는 사람이라고

어린 강아지풀과
노랑 씀바귀꽃과 분홍빛 패랭이꽃이
그렇다고, 그건 그렇다고
고개를 끄덕여주고 있었다.

찔레꽃

/ 2014

그립다
보고 싶다

말하고 나면 마음이
조금 풀리고

네가 내 앞에 와
웃어주기도 한다.

후회

/ 2014

이담에 이담에 나는 너에게
사랑한다는 말을 너무 여러 번 한 것을
후회할 것이고

너는 한 번도 나에게
사랑한다는 말을 하지 않은 것을
후회할지도 모른다.

구절초

/ 2011

마디마디 아홉 마디 새하얀 그리움
오래 기다린 사람의 냄새가 난다
오래 기다리다가 떠나간 사람의
눈빛이 숨었다
흘러가는 구름에도 씀벅
고이는 눈물
한 왕조가 무너져내리는 슬픔으로
이 가을도 이렇게 간다고 그러랴!

쾌청

/ 2011

참 맑은 하늘
그리고 파랑

멀리 너의 드높은
까투리 웃음소리라도
들릴 듯….

싸리꽃

/ 2014

호오이 산길 혼자서 걸어갈 때
누군가 아는 체 웃었다

좋은 사람 만나러 갔다가
허탕 치고 돌아오는 길

쓸쓸한 나 덜 쓸쓸해하라고
수풀 속에 흔들리는 보랏빛 웃음

빈 하늘도 네가 있어 그런 날
끝까지 서럽지는 아니했단다.

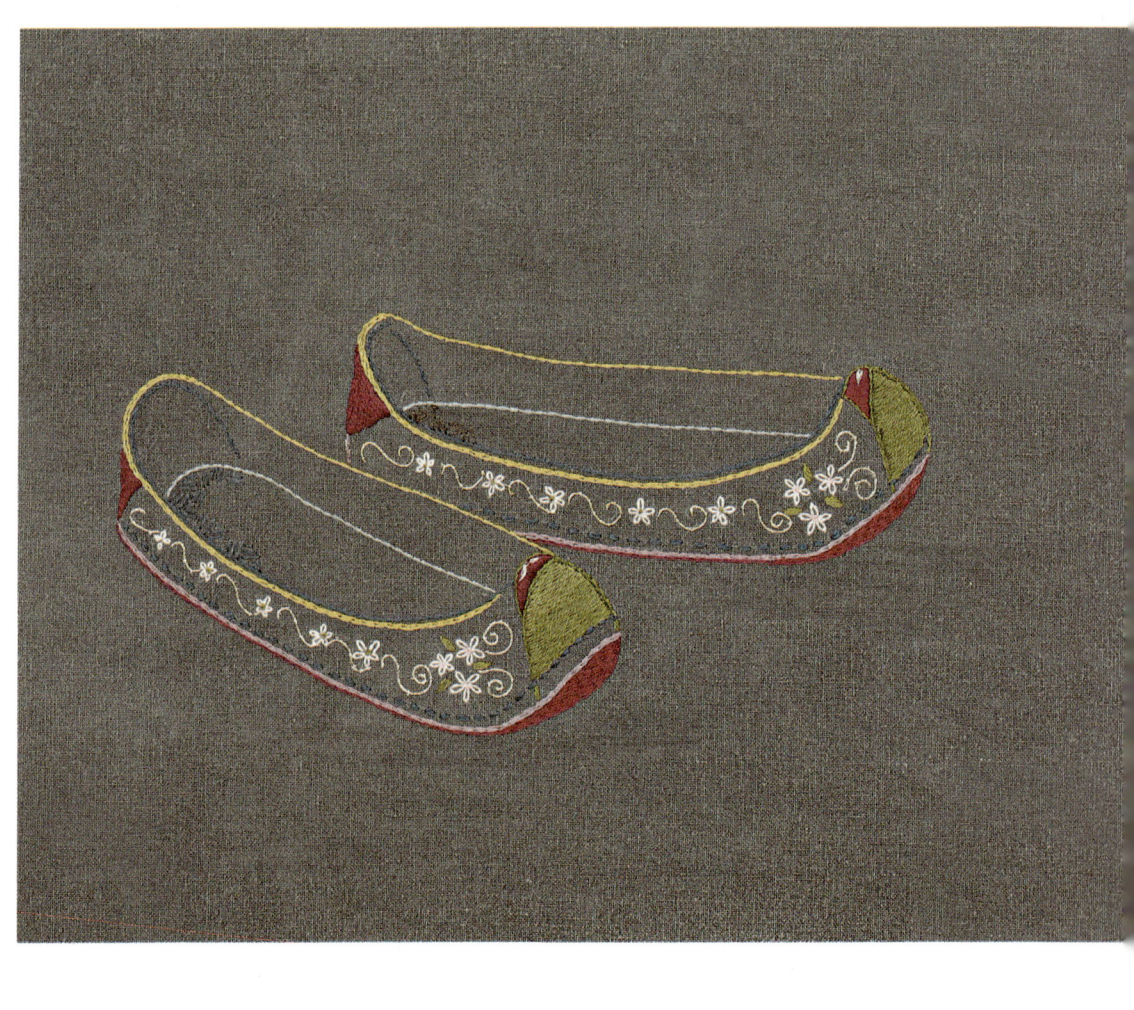

꽃신

/ 2014

꽃을 신고 오는 사람
누구신가요?

아,
봄님이시군요!
어렵사리 왔다가
잠시 머물고 떠나가는 봄

짧아서 더욱
서러운 사랑

사랑아 너도 갈 때는
꽃신 신고 가거라.

꽃수

/ 2014

바람이 찾아와
아지 못한 소리로 속살댔다
봄비가 찾아와 더
아지 못할 소리로 속살댔다

빵, 고무풍선 터지듯 피어나는
산수유, 백목련, 영춘화
불끈 주먹을 쥔 벚꽃, 복숭아, 배꽃들
갈라진 하늘 틈서리를 찾아
꽃수를 놓고 있다
망가진 하늘을 깁고 있다

머잖아 초록의 풀들이 솟아나면
그들은 또 누더기 걸친 지구의
부끄러운 곳들만 찾아다니며
초록빛 수를 놓아줄 것이다.

봄밤

/ 2013

쉬이 잠들지 못하리

꽃이 피어 바위에서도
향내가 날 것 같은 밤

누군가 날 생각하는가

유리창가에 별빛 하나
오래 머뭇거리다 간다.

여행

/ 2011

예쁜 꽃을 보면
망설이지 말고
예쁘다고 말해야 한다

사랑스런 여자를 만나면
미루지 말고
사랑스럽다 말해주어야 한다

이 다음에 예쁜 꽃을
다시 볼 수 있을 거라고
사랑스런 여자를
다시 만날 수 있을 거라고
믿어서는 안 된다

우리네 하루하루
순간순간은 여행길
두 번 다시 되풀이할 수 없는
오직 한 번뿐인 여행이니까.

사는 법

/ 2012

그리운 날은 그림을 그리고
쓸쓸한 날은 음악을 들었다

그러고도 남는 날은
너를 생각해야만 했다.

민들레

/ 2013

울면서 울면서
엄마 곁을 떠나간 아이
열 발자국도 못 가서
제가 다시 엄마가 되어
두 팔 가득 아이들 움켜쥐고서
노랗게 샛노랗게
웃고 있을 줄이야!

팬지

/ 2014

자르르 요염기가 흘렀다
그래도 내숭을 떨고만 있으니
어쩔 수 없는 일

바람이 불 때
외로 고개를 꼴 때
머리칼이라도 조금 날릴 때

들키고 싶은 마음
끝내 속일 수는 없겠다.

연꽃

/ 2008

마음을 좀 보여달라고 그러자
말없이 보오얀 맨발을 뽑아 보여주는
한 아낙이 있었습니다

봄비에 미나리 빛 웃음 하나로
봄비에 미나리 빛 웃음 하나로

그때부터
조바심하지 않고 그 아낙을
그리워할 수 있게 되었습니다.

연꽃 그림

/ 2008

연꽃을 보러 갔지만 번번이
활짝 핀 꽃은 보지 못하고
연꽃 봉오리만 보고 왔지요

더러는 연꽃 진 자리
연밥 송아리만 몇 개
눈여겨보다 왔지요

사실은 그대 만나러 갔지만 번번이
그대 웃는 얼굴 보지 못하고
연꽃만 보고 왔지요

연꽃 가운데서도 봉오리 진
애기연꽃이나 연밥 송아리만
하염없이 바라보다가 돌아왔지요.

팡! 터져버리는 그 무엇
알 수 없는 은은한 향기, 그것은
쉬운 일이기도 하고
어려운 일이기도 하다.

두땀
-
야생화 자수,
일상이 되다

나를 위한, 룸슈즈

마음에 쏙 드는 룸슈즈를 찾기는 은근히 어렵다.
디자인이 마음에 들면 발이 불편하고
발이 편하면 디자인이 마음에 들지 않는다.
어쩔 수 없이 취향에 맞는 룸슈즈를 직접
만들었다. 직접 만들어 보니 만족감이
더 크다. 이니셜을 새기면 누구에게나
좋은 선물이 된다. 봄가을에는 리넨이나
광목으로 심플하게 만들고 여름에는
모시를 안감으로 사용하면 시원하다.
겨울에는 3온스 정도의 솜을 한 장 넣으면
포근함이 더욱 따뜻하게 발을 감싼다.

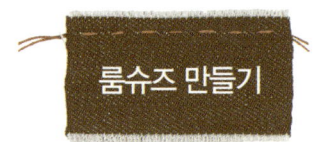

룸슈즈 만들기

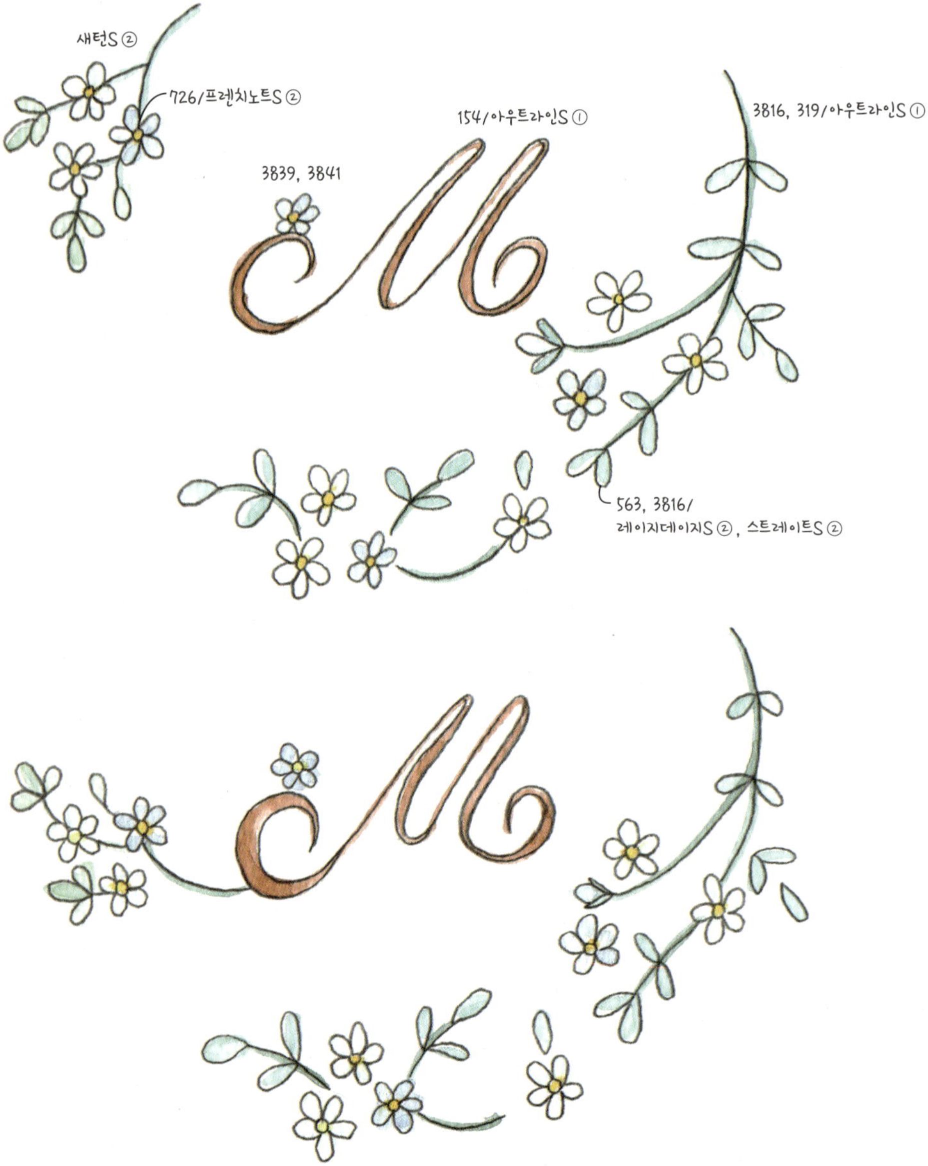

새턴S ②
726/프렌치노트S ②
154/아우트라인S ①
3816, 319/아우트라인S ①
3839, 3841
563, 3816/
레이지데이지S ②, 스트레이트S ②

스티치 설명에서 ①, ②는 실의 가닥입니다.

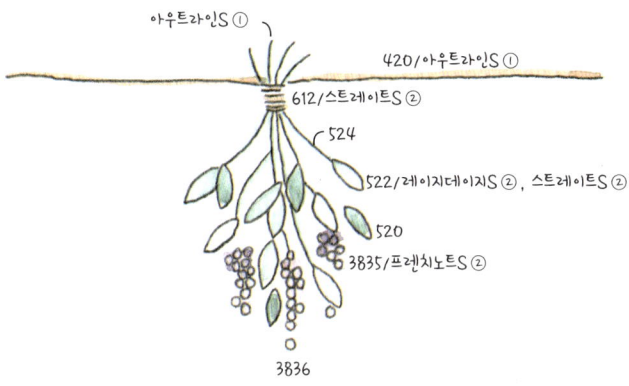

420/아우트라인S ①
아우트라인S ①
612/스트레이트S ②
524
522/레이지데이지 ②, 스트레이트S ②
520
3835/프렌치노트S ②
3836

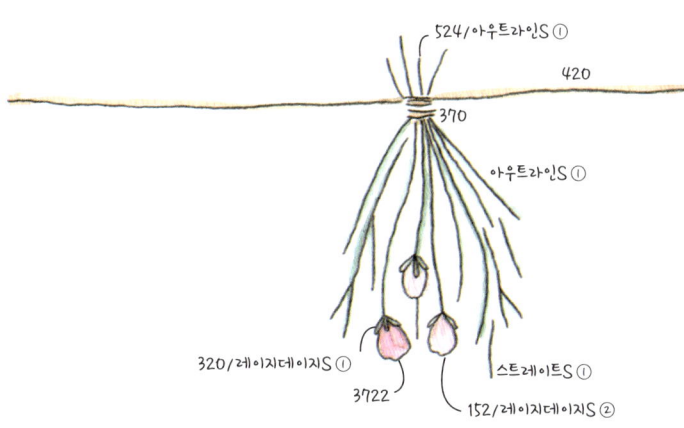

524/아우트라인S ①
420
370
아우트라인S ①
320/레이지데이지S ①
3722
152/레이지데이지S ②
스트레이트S ①

준비물
☐ 겉감 리넨 1장(30~45cm) ☐ 안감 광목 1장(30~45cm)

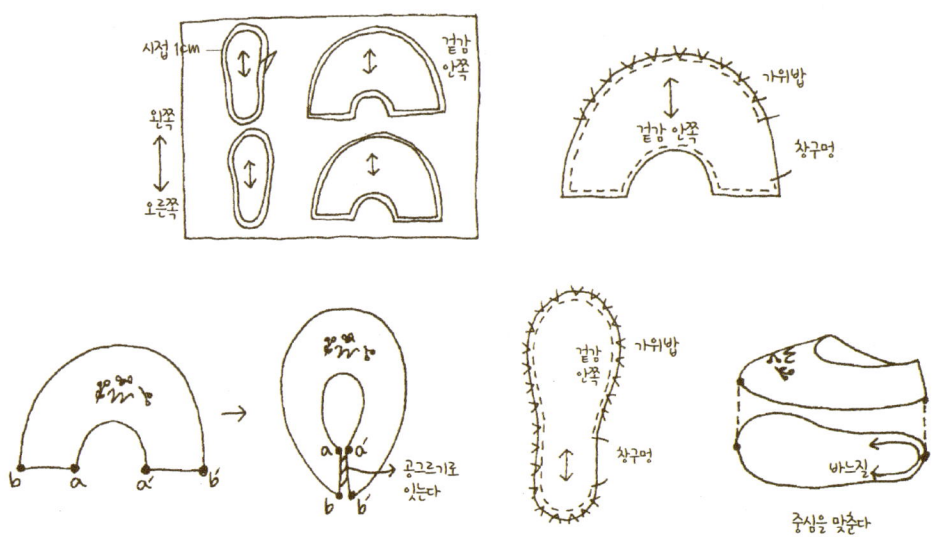

1. 식서방향에 맞춰 겉감 안쪽에 룸슈즈 패턴을 대고 완성선을 그린 후 시접(1cm)을 주고 재단한다.
2. 겉감과 마찬가지로 안감도 재단하여 준비한다.
3. 겉감 바깥쪽의 발등 위에 수를 놓는다.
4. 수를 완성하면 발등 겉감의 바깥쪽과 발등 안감의 바깥쪽을 서로 맞대고 직선 부분에 창구멍을 남긴 후 박음질을 한다.
5. 둥근 부분에 가위집을 주고 뒤집은 다음, 다림질을 하고 창구멍은 공그르기로 메운다.
6. 발등부터 뒤꿈치까지 서로 잇는다. 룸슈즈는 특히 바느질이 튼튼해야 하므로 안감의 바깥쪽에서 한 번 공그르기나 감침질을 하고 겉감 바깥쪽에서 한 번 더 공그르기나 감침질을 해준다.
7. 발바닥은 겉감 바깥쪽과 안감 바깥쪽을 서로 맞댄 후 창구멍을 남기고 박음질한다.
8. 둥근 부분은 가위집을 준 뒤집고 다림질 후 공그르기로 메운다.
9. 발등과 발바닥을 합친다. 발등의 뒤꿈치 선을 발바닥 뒤꿈치 중앙에 맞춰 전체를 시침핀으로 고정시키고 공그르기나 감침질을 한다.
10. 스팀다리미로 다림질하고 완성한다.

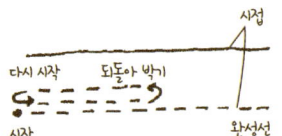

⊙ 튼튼하게 바느질하기 위해 되돌아 박기를 해준다. 바느질 시작점에서 1~2cm 정도 바느질하다 되돌아 바느질하고 다시 시작점에서 바느질을 하면 된다. 바느질을 마칠 때도 마찬가지다. 마지막 바느질 땀에서 왔던 바느질을 되돌아 다시 바느질하여 튼튼하게 마무리해준다.

사랑스러운 아기를 위한,
연잎 배냇저고리

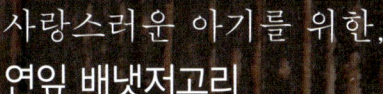

지난가을, 지인이 넷째를 가졌다는 소식을 전해왔다.
다른 사람들이 부러워하는 교사라는 자리를 미련 없이 던질 만큼
그녀는 아이를 좋아하나보다.
새 생명의 소식을 축복하기 위해 아기가 세상에 나와 처음 입을 옷을 지었다.
연꽃을 품은 태몽을 꿔서 '연이'라고 태명 붙인 아이를 위해
배냇저고리에 연잎을 수놓아본다.

연아~ 연꽃은 꽃 중에서도 군자라고 한단다.
연꽃은 진흙 속에서 자라지만 흙탕물에 더럽혀지거나 물들지도 않고
아름답게 피기 때문이란다.
세상의 풍파에 얽매이지 않는 군자처럼
부디 청아하고 고결하게 자라주렴!

+ 바느질 이야기

한국의 복식을 공부하다 보면 우리 선조의 지혜에 다시 한 번 감탄하게 된다. 배냇저고리는 시접이 모두 안으로 숨어 있는 바느질 기법으로 만든, 무척 과학적인 옷이다. 누워 있는 시간이 많은 신생아의 연약한 피부에 혹여 시접이 배기기라도 할까 염려하는 섬세한 배려가 녹아 있다.

연잎 배냇저고리 만들기

아우트라인S ①

987, 368, 369

롱앤드쇼트S ①

아우트라인S ①

준비물
☐ 광목 80×60cm 2장 ☐ 끈 광목 3×22cm 4개(겉감 좌우 각 1장, 안감 좌우 각 1장) ☐ 여밈끈

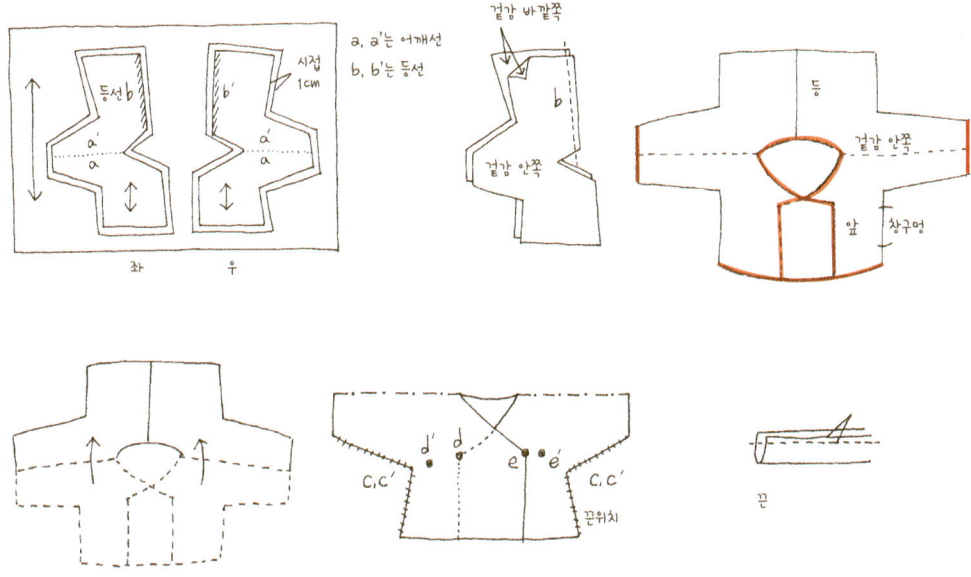

1. 식서방향에 맞춰 앞판 어깨선 a와 등판 어깨선 a'를 이은 상태로 패턴을 그린다. 겉감 왼쪽 1장, 오른쪽 1장을 시접(1cm)을 두고 재단한다.
2. 겉감의 왼쪽 등판과 오른쪽 등판의 바깥쪽을 맞대고 등선 b와 b'를 겹치고 박음질한다.
3. 시접은 가름솔로 다림질한다.
4. 안감도 1, 2, 3의 과정으로 등선을 이어준다.
5. 창구멍을 제외한 소매와 아랫단 목선 빨간 선 부분을 모두 박음질한다.
6. 앞판을 뒤판 안으로 밀어 넣고 옆선을 맞추어 네 겹 같이 박아준다.
7. 옆선 네 겹 박기를 할 때 창구멍을 주기 위해 안감 한 장을 들고 세 겹을 5cm 정도 박은 후 다시 네 겹을 박는다.
8. 시접을 겉감 쪽으로 꺾어 다림질한 다음 창구멍으로 뒤집는다.
9. 목둘레, 앞 여밈 부분, 소매 끝에 색실을 사용하여 고운 홈질로 장식 바느질한다.
10. 끈은 폭 3cm 원단을 반으로 접어 시접(0.5cm)을 남기고 박음질한 후에 뒤집는다.
11. 왼쪽 앞 여밈 모서리 d와 오른쪽 겨드랑이 근처 안쪽 d'에 각각 끈을 단다. e와 e'도 마찬가지로 끈을 달아준다.
12. 완성된 배냇저고리를 다림질한다.

헌 옷을
새 옷처럼,
셔츠 리폼

오래된 셔츠에 가벼운 스티치 한 줄을 수놓았다.
새 옷에서는 느낄 수 없는 친숙함에 마음이 따스해진다.
수명을 연장한 낡은 셔츠는 오랫동안 나와 함께할 것 같다.
소소하지만 내 것에 대한 충실한 그 마음이 예뻐서일까,
셔츠를 볼 때마다 흡족한 미소가 지어진다.

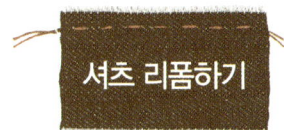

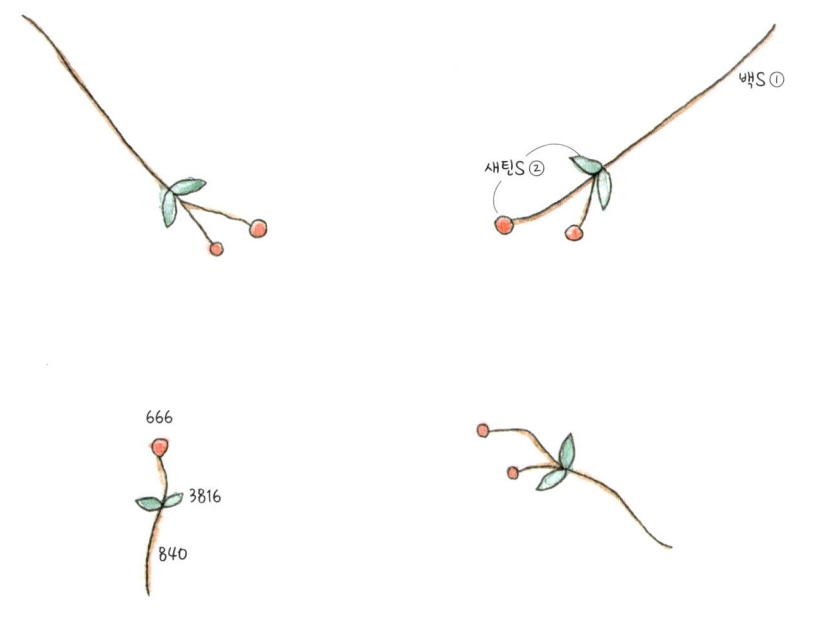

자수를 넣어 리폼하는 옷은 무늬가 없는 단색의 면직물이나 리넨 의류가 좋다. 자수의 크기도 너무 과하지 않은 크기로 적당하게 넣어야 하고 옷깃이나 주머니, 소매나 치맛자락에 가볍게 수놓는 것이 예쁘다. 움직일 때마다 살짝 보이는 스티치가 더욱 사랑스럽다.

스승을 위한 작은 선물, 자수가 담긴 손수건

그래, 너 덕분에 웃었다.

늙은 엄마라 미안하구나.
하지만 나이를 먹으면서 얻어지는 것들도 많단다.
젊은 시절에는 미래의 모습이 불안하기만 해서
온갖 걱정거리를 싸안고 살았지.
하지만 지금은
웬만한 파도에는 끄떡도 하지 않는 넓은 도량이 생겼단다.
더불어 살면서 지혜도 생겼고
늦은 나이에 너를 얻고 감사하는 마음도 생겼단다.
엄마는 온 생애를 통틀어 그 어느 때보다 지금이 좋아.

건아, 엄마의 이런 마음을 담은 예쁜 손수건을 만들어줄게.
선생님께 선물하렴.
수줍어하지 말고 씩씩하게 말이야.

+ 바느질 이야기

초등학교 2학년이 된 아들이 요 근래 신이 났다. 새로운 담임선생님이 젊고 무척 예쁘기 때문이란다. 긴급할 때 전화하라고 알려준 번호로 전화까지 했다. 전화기 너머 아들의 발갛게 상기된 표정이 보이는 듯하다. 깔깔깔 웃다가 바느질 거리를 주섬주섬 챙긴다. 선생님에게 선물하기 좋은 손수건을 만들기로 했다. 손수건은 물이나 땀 흡수가 잘되는. 60수 이상의 아사면이 좋다. 원단이 얇아서 뒷면의 실 매듭과 실이 지나간 자리가 비칠 수 있기 때문에 매듭을 짓고 다시 시작하기를 반복하면 실이 지나간 자리가 비치지 않는다.

준비물
☐ 아사면 겉감 40×40㎝ 2장(시접 1㎝ 포함 크기)　☐ 바느질 도구(바늘, 실, 가위, 자 등)

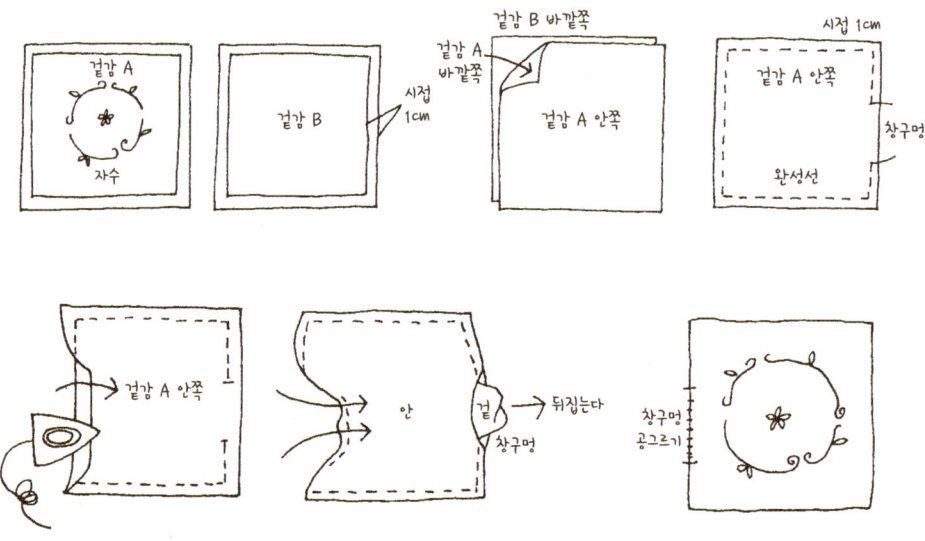

1. 겉감 A와 겉감 B의 바깥쪽을 서로 마주 댄다.
2. 5~7㎝ 정도 창구멍을 남겨두고 창구멍을 제외한 나머지 완성선을 따라 박음질한다.
3. 겉감 A 방향 완성선을 따라 시접을 접고 다림질한다.
4. 시접을 모두 접어 다림질한 후 겉감 바깥쪽이 나오도록 뒤집는다.
5. 바깥쪽이 나오면 다림질로 한번 정렬해준다.
6. 창구멍도 공그르기하여 마무리한다.
7. 한 번 더 다림질해서 완성한다.

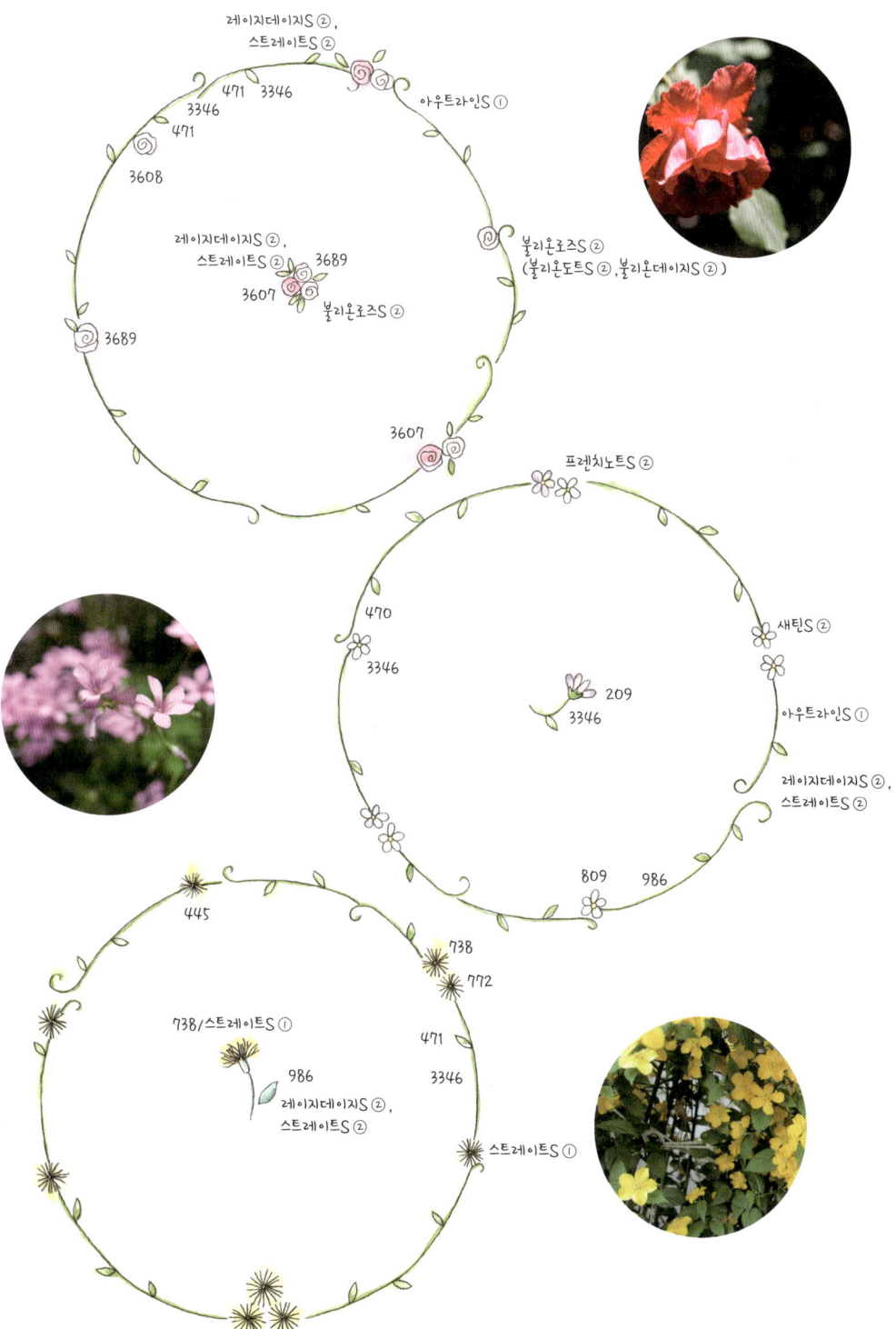

알록달록 꽃송이, 티매트

따뜻한 햇살이 뺨을 간질이는 나른한 오후, 티타임이 필요하다.
티타임 내내 작은 꽃들에 관해 이야기한다.
로즈마리차는 머리를 맑게 하고
연잎차는 마음까지 깨끗하게 한다.
국화차는 마치 신선이 된 듯 마음이 여유로워진다.

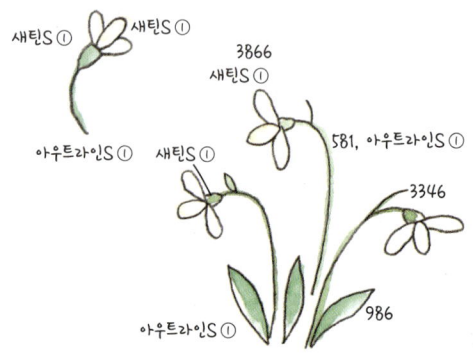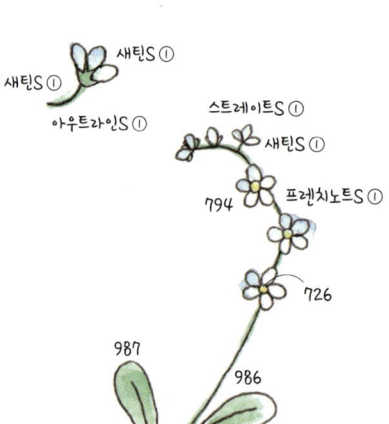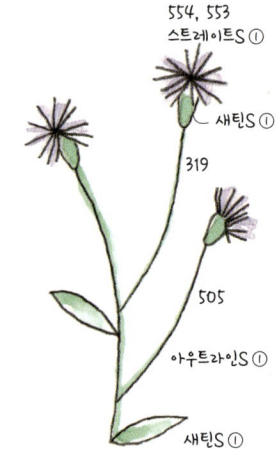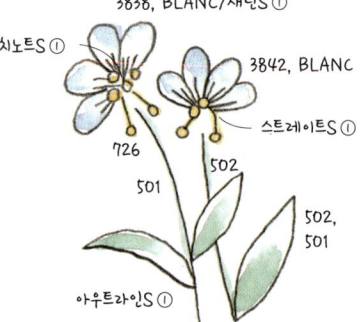

준비물

광목 겉감 지름 13cm(원형) 2장   레이스 42cm   면 압축솜   마분지 지름 12cm(원형) 1장   바느질 도구

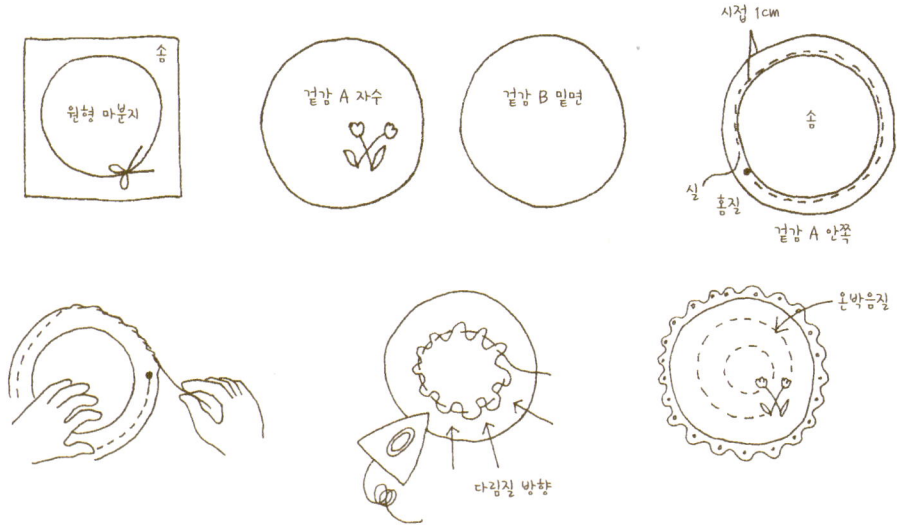

1 면 압축솜에 지름 12cm의 마분지를 대고 원을 그린 다음 재단한다. 2장을 만든다.
2 겉감 A의 안쪽에 면 압축솜을 붙인다.
3 붙인 솜 바깥 부분이 시접으로, 시접 라인을 따라 홈질한다. 이때 실을 길게 빼둔다.
4 원형의 마분지를 겉감 A 솜 위에 올려둔다. 마분지 가운데를 한 손으로 누르고 다른 한 손으로 홈질한 실을 살살 당긴다.
5 시접이 마분지 원 크기에 맞을 때까지 당긴 다음 다림질을 해준다. 다림질할 때는 원 밖에서 안으로 들어가듯이 다려준다.
6 마분지를 뺀다.
7 겉감 B 시접 라인을 따라 홈질 후 4, 5, 6 과정을 반복한다.
8 레이스는 레이스의 시접과 겉감 A의 시접을 맞대고 테두리를 따라 홈질한다. 이때 겉감의 시접과 레이스의 시접만 같이 집는다는 느낌으로 홈질한다.
9 겉감 A의 안쪽과 겉감 B의 안쪽을 맞대어 합치고 테두리(완성선)를 따라 감침질 또는 공그르기로 마무리한다.
10 겉감 A 바깥에 지름 4.5cm 원과 지름 10cm 원을 각각 그려준다. 겉감 A와 겉감 B를 동시에 온박음질로 누벼준다. 이때 자수 부분은 피하고 누빈다. 완성 후 겉감 B에 아웃라인 스티치가 놓여 있는 것을 확인할 수 있다.

차와 꽃을 함께 맛보는,
다기주머니

아들이 유치원에 다닐 무렵부터 스승의 날이
다가올 쯤이면 무척 바빴다. 유치원 선생님을
비롯하여 원장 선생님, 차량 지도 선생님까지
챙기기 위해 틈틈이 작은 소품을 만들었다.
언젠가는 스승의 날을 며칠 앞두고 바탕의 천을
다양하게 바꿔가며 여러 개의 다기주머니를
만들어보았다. 다기주머니에 작은 꽃수를
놓고 그 안에 쿠키와 손으로 쓴 편지를 담았다.
다기주머니에 소품을 담아도 좋고,
다기를 담아 보관하면 장식으로도 매력적이다.

준비물
□ 광목 40×40cm(시접 1cm 포함) □ 매듭 끈 125cm □ 바느질 도구

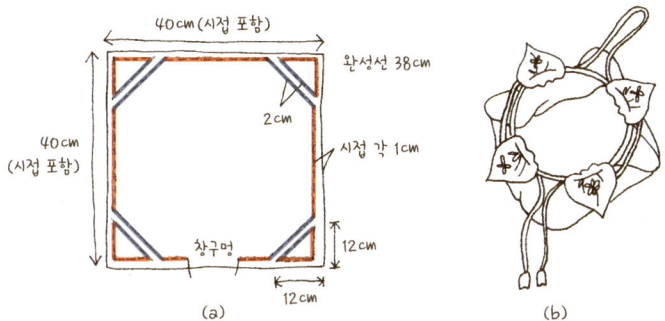

1 그림 (a)와 같이 본을 뜬 후 야생화를 적당한 위치에 그려준다.
2 겉감의 겉과 안감의 겉을 마주한 다음 창구멍을 남기고 빨간색 선만 박음질한다.
3 창구멍으로 뒤집고 파란색 선 두 줄을 박음질한다.
4 그림 (b)와 같이 매듭 끈을 넣고 두 번 돌린 뒤 초롱을 달아 완성한다.

다기주머니 초롱 만들기

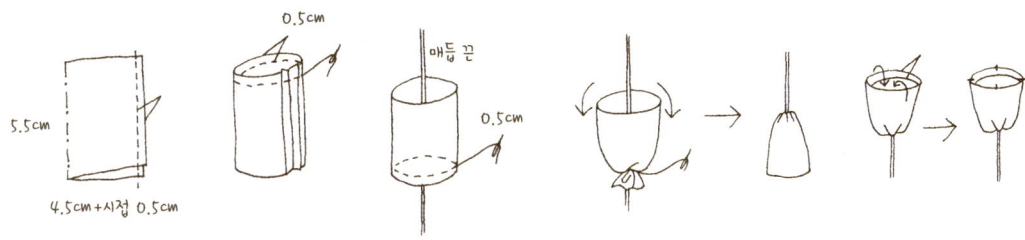

1 7×10cm 조각천을 준비한다.
2 천을 반으로 접고 4.5cm를 박음질한다.
3 원통형이 되면 한쪽에 0.5cm 시접을 두고 돌아가며 홈질한다.
4 매듭 끈을 원통 모양 천 사이에 넣고 당긴다.
5 매듭 끈을 중심에 두고 뒤집는다.
6 0.5cm 안으로 시접을 넣고 가운데를 십자(+) 모양으로 한 땀씩 징거준다.

가지 끝 매화에 빠지다,
매화다포

무명천은 특유의 질박함이 있어서
솜씨가 서툴러 삐뚤빼뚤해도 정감 있고
의도한 것 마냥 멋스럽다.
매화다포는 톡톡한 무명천으로 만들며
한 겹으로 만들어도 된다. 두 겹의
천으로 만들 때는 식서방향을 그대로
두어도 올이 풀리지 않으니 괜찮고
올이 풀리는 푸서방향으로 만들 때는
위아래에 몇 올 풀어주면 더 자연스럽다.

매화다포 만들기

준비물
☐ 먹 염색 무명천 40×30cm 1장 ☐ 자수실 ☐ 바느질 도구

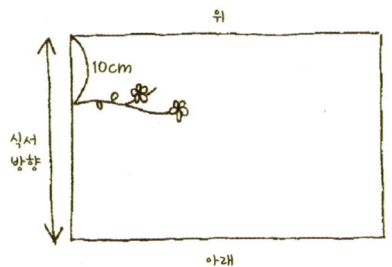
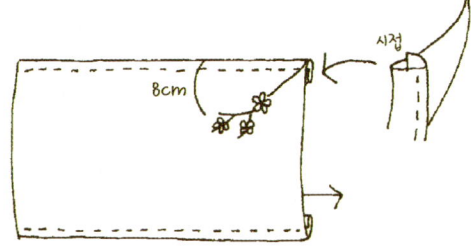
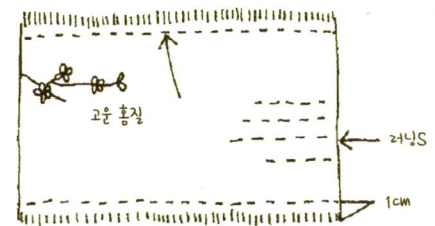
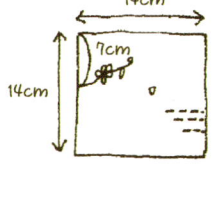
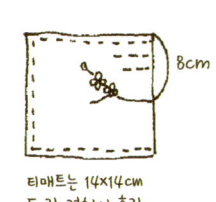

만드는 방법 1

1. 무명천에 수를 놓은 후 식서는 그대로 두고 위, 아랫단만 시접을 0.7cm 정도 한 번 꺾고 1cm 정도 한 번 더 꺾어 박음질한다.

만드는 방법 2

1. 수를 놓은 후 식서는 그대로 두고 앞 뒤판을 시접 없이 완성선에서 1cm 띄우고 홈질한다.
2. 꽃수가 없는 쪽에 러닝 스티치를 두 줄로 놓고 고정시킨다.

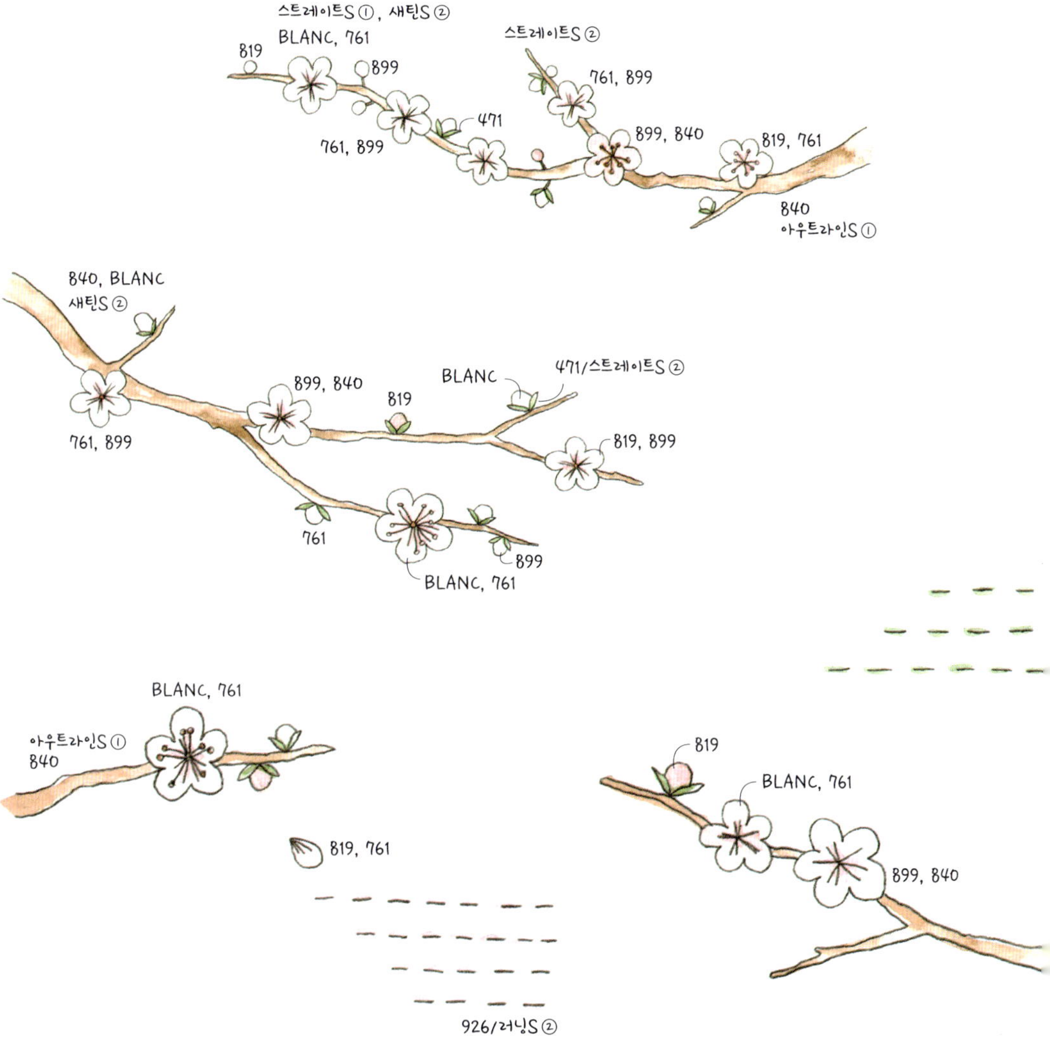
스트레이트S ①, 새틴S ②
BLANC, 761
819
899
스트레이트S ②
761, 899
471
761, 899
899, 840
819, 761
840
아우트라인S ①
840, BLANC
새틴S ②
BLANC
471/스트레이트S ②
899, 840
819
761, 899
819, 899
761
899
BLANC, 761
BLANC, 761
아우트라인S ①
840
819
BLANC, 761
819, 761
899, 840
926/러닝S ②

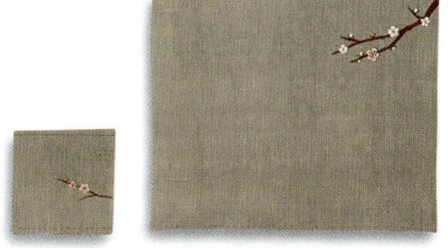

커피와 차를
마음과 함께 담는,
광목 차주머니

존경하는 선생님께

선생님을 찾아뵈었던 작년 5월은 봄인데도 날이 흐려서 그런지
공주터미널의 공기는 쌀쌀했던 것 같아요.

트렌치코트를 목까지 여미고도 스카프를 둘둘 말고
복도를 서성이며 선생님을 기다렸던 기억이 납니다.
혹시 제 마음이 추웠던 건 아닐까요.

오래전 문인과 예술가들은 헝그리hungry와 앵그리angry를 품고 있어
창작과 연구에 더 매진할 수 있었다고 회고하셨지요.
그 말씀에 깊이 공감하며

돌아오는 버스 안에서 받은 문자 한 통
'잘 가요, 고운 사람…'
해가 바뀐 지금도 핸드폰에 저장되어 있습니다.

조만간 선생님을 만나면 함께 마실 차를 준비하고 있답니다.
마음까지 따스하게 스며드는 로즈마리차를 선생님과 같이 나누고 싶습니다.

광목 차주머니 만들기

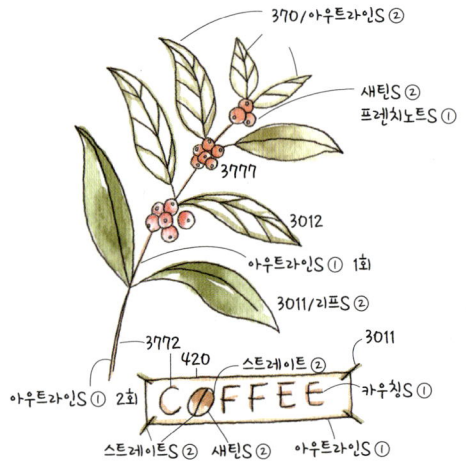

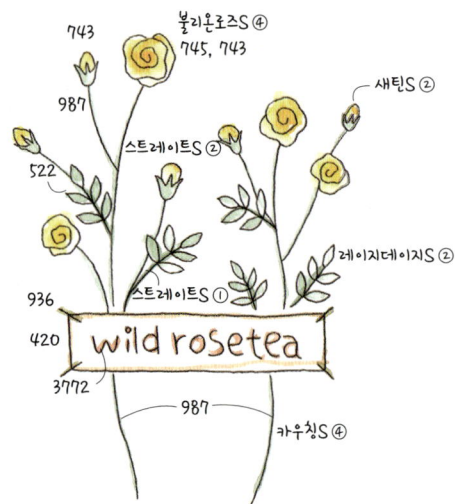

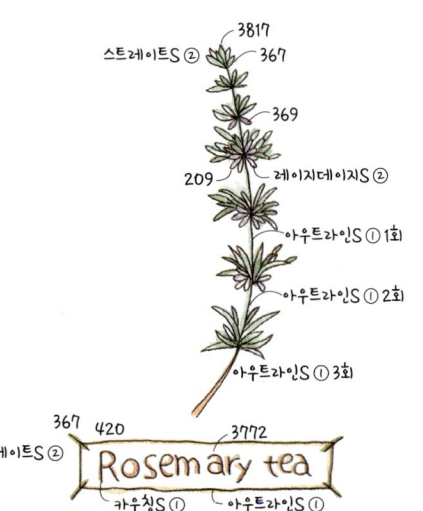

준비물
- 리넨 패턴 모양대로 4장(겉감 2장, 안감 2장) □ 바느질 도구

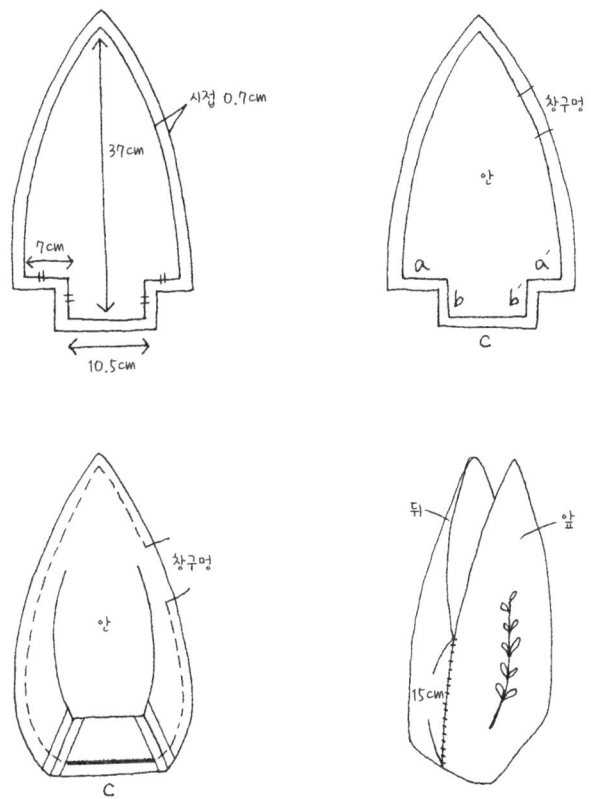

1   1과 같은 패턴 모양을 겉감 2장, 안감 2장, 총 4장 만들어두고 시접을 0.7cm로 재단하여 자른다.
2   자수를 놓은 후 겉감 안쪽에서 a와 b, a'와 b'를 박음질한다. 안감도 같은 방법으로 바느질한다.
3   앞쪽 한판이 완성되면 뒤판도 위와 같은 방법으로 만들어 마주 대고 밑판에서 15cm 정도를 공그르기로 이어준다. 반대쪽도 마찬가지로 이어준다.
4   그림과 같이 a선과 b선을 만나게 하여 공그르기 또는 감침질한다. a'선과 b'선도 마찬가지로 겹쳐서 공그르기 또는 감침질한다.
5   안쪽에서 공그르기하고 바깥쪽에서 한 번 더 공그르기하면 솔기가 더욱 튼튼해진다.
6   다림질하고 완성한다.

남편을 위한,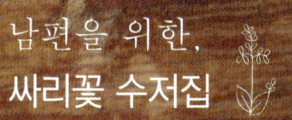
싸리꽃 수저집

시리얼을 내놓을 때마다 미안하다가도 오후에는 잊어버리는
당신의 아내랍니다.
집밥을 좋아하는 당신에게 아침밥을 제대로 챙겨주지 못해서 미안해요.
오늘은 당신이 좋아하는 싸리꽃이 수놓인 수저집을 만들었어요.
돌아오는 휴일 오전에는 이 싸리꽃 수저집을 차분히 놓고
우리 둘만의 밥상을 소박하게 차려볼게요.

+ 바느질 이야기

생활소품은 자주 빨아도 좋은 리넨을 주로 사용한다. 하얀색은 쉽게 오염이 되고 세탁 후에도 자국이 남아서 오트밀 색상이나 그레이 톤의 리넨으로 만든 주방소품이 오래도록 쓸모가 있다. 자주 세탁해도 좋은. 바늘땀의 길이가 짧고 튼튼한 스티치로 단순하게 수놓는다. 자수소품은 오래되어 낡고 해지면 덧대어 수놓으면 되고, 사용감이 많을수록 세월이 주는 낡고 오래된 특유의 멋스러움이 있다.

싸리꽃 수저집 만들기

스트레이트S ①
304
새틴S ②
3345
3364
리프S ②
아우트라인S ①

304
3345
3364

준비물

- 리넨 16×24cm 2장(겉감, 안감 각각 1장씩. 시접 1cm 포함. 아동 수저집의 경우 14×21cm)
- 바느질 도구

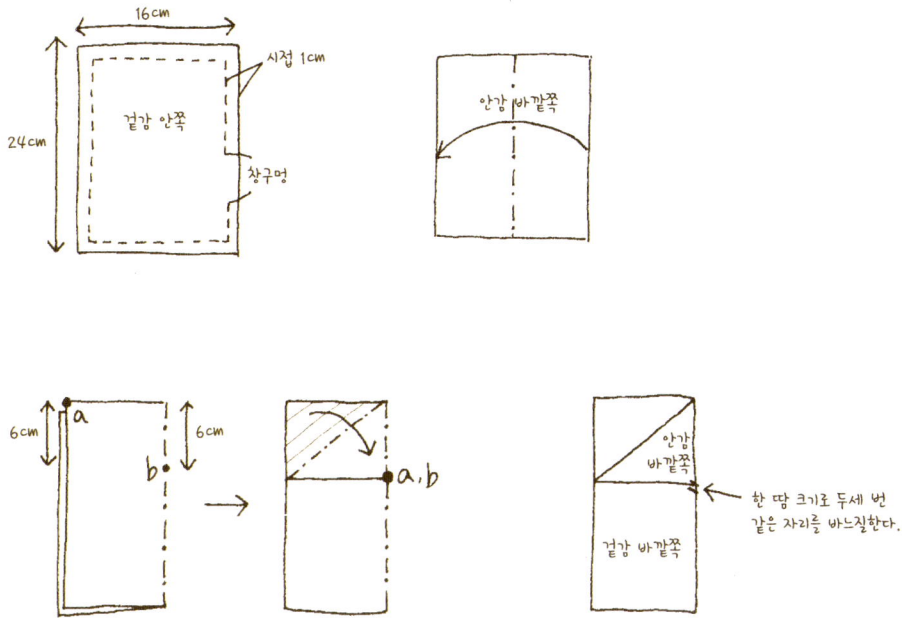

1. 겉감과 안감의 바깥쪽을 서로 맞대고 창구멍을 남긴 후 박음질한다.
2. 겉감 쪽으로 시접을 접고 다림질한다(104p 손수건 참조).
3. 바깥쪽이 나오게 뒤집은 다음 다림질한 후 창구멍을 공그르기로 메운다.
4. 안감의 바깥쪽이 서로 맞대도록 전체를 세로로 길게 반으로 접는다.
5. 열려 있는 위쪽 모서리 a를 세모로 접어 반대편 6cm 아래쪽 지점인 b점에 겹친다.
6. 겹쳐진 a, b 꼭짓점을 겉감 바깥쪽에 고정시키기 위해 한 땀 바느질로 두세 번 같은 자리를 바느질한 후 다림질로 마무리한다.

부엌 앞에 선
당신을 위한, 앞치마

몇 해나 창가에 자리했던 리넨을 걷고 그 리넨으로 앞치마를 만들었다.
작고 아기자기한 꽃이 갓 결혼한 새댁에게 잘 어울린다.
앞치마를 만들 때는 하얀색 광목보다는 오염과 더러움이 덜한
오트밀 색 리넨을 선택하는 것이 실용적이다.

앞치마 만들기

준비물
□ 리넨 100×50cm 1장 □ 허리끈 7×272cm □ 바느질 도구

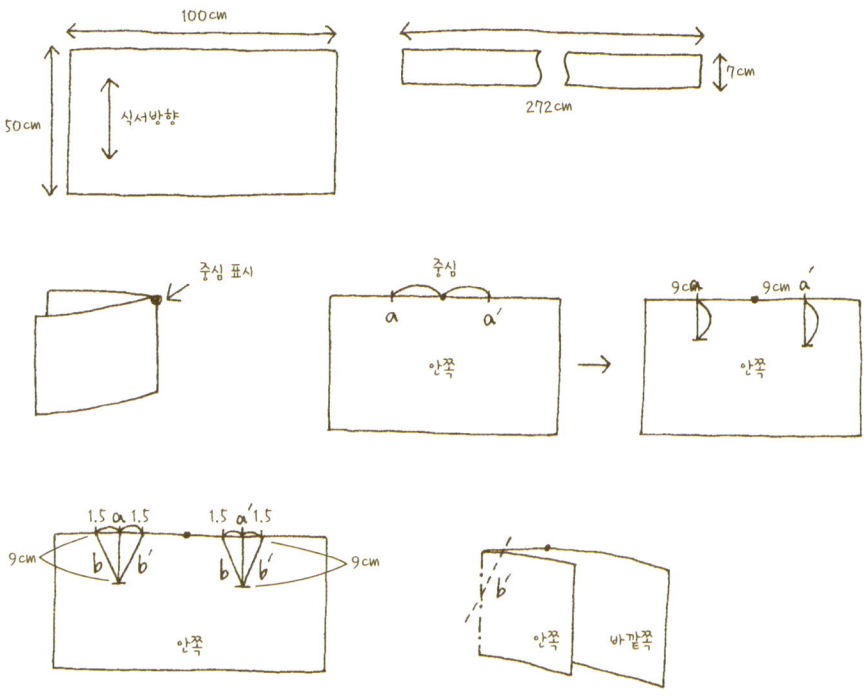

<u>1</u> 천을 가로로 접어 중심을 표시한다.

<u>2</u> 천을 다시 펼치고 중심에서 좌우 각각 13~14cm 떨어진 지점에 다트(a, a')를 표시한다.

<u>3</u> a와 a'에서 직각으로 9cm 내려와 a를 중심으로 좌우로 1.5cm 지점에 표시한다.

<u>4</u> 그림과 같이 다트 b, b'를 그려준다.

<u>5</u> b선과 b'선을 서로 겹쳐 박음질해서 다트를 박는다. 반대편 다트도 마찬가지로 박음질한다.
다트 시접을 중심을 향해 접고 다림질한다.

<u>6</u> 양쪽 옆선에 시접(1cm)을 접고 한 번 더 접어준 다음 박음질한다.

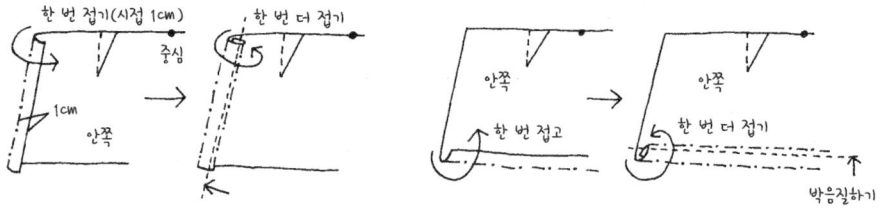

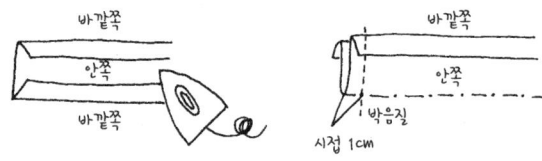

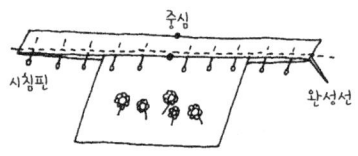

<u>7</u> 밑단은 1cm를 접어 올리고 옆선과 같은 방법으로 한 번 더 접어 올려 박음질한다.

<u>8</u> 허리끈은 시접(1cm)을 접고 다림질한다.

<u>9</u> 끈은 안쪽이 보이게 가로 방향으로 반을 접고 끈의 양쪽 끝은 시접(1cm)을 주고 박음질한다.

<u>10</u> 겉쪽이 보이게 뒤집고 다림질해둔다.

<u>11</u> 허리끈 전체를 가로 방향으로 반을 접어 중심을 앞치마의 중심과 맞춘다. 이때 허리끈 시접과 시접 사이에 벌어진 곳에 앞치마의 윗부분을 끼운다.

<u>12</u> 완성선을 맞추고 시침핀으로 고정시킨 후 완성선에서 1~2mm 올라가 허리끈 전체를 박음질한다.

<u>13</u> 다림질하여 완성한다.

테이블을
더욱 화사하게 만드는,
식탁매트

무명을 처음 본 게 언제쯤인지 기억이 나지는
않지만 무명은 엄마 같고 할머니 같은 천이다.
물레질을 해서 불규칙한 굵기 덕분에 그 질감과
색감, 미적 특성이 질박하고 소박한 우리네
민족정서와 닮아서 더욱 정이 간다.
도톰한 무명천으로 식탁매트를 만들었다. 뒤판을
한 겹 더 덧대어주니 적당한 두께가 주는 폭신함이
그릇을 받치기에 아주 그만이다. 무명천에서는
엄마 냄새와 할머니에 대한 그리운 기억이 떠오른다.

식탁매트 만들기

890, 3815, 988
레이지데이지 ②,
스트레이트S ①

아우트라인S ①

3838, 794, 162/새틴S ②

832/프렌치노트S ②

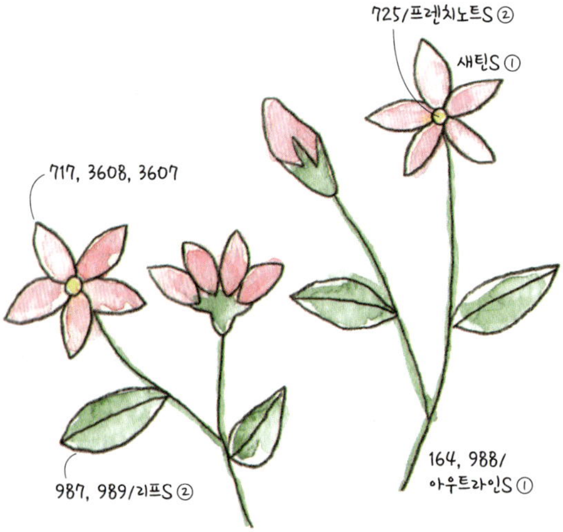

725/프렌치노트S ②

새틴S ①

717, 3608, 3607

987, 989/리프S ②

164, 988/
아우트라인S ①

741/프렌치노트S ①

988/스트레이트S ①

841/아우트라인S ①

743, 742/새틴S ②

988/아우트라인S ①

준비물
- 대폭무명 90cm 정도   자수실   바느질 도구
- 완성사이즈 39×32cm

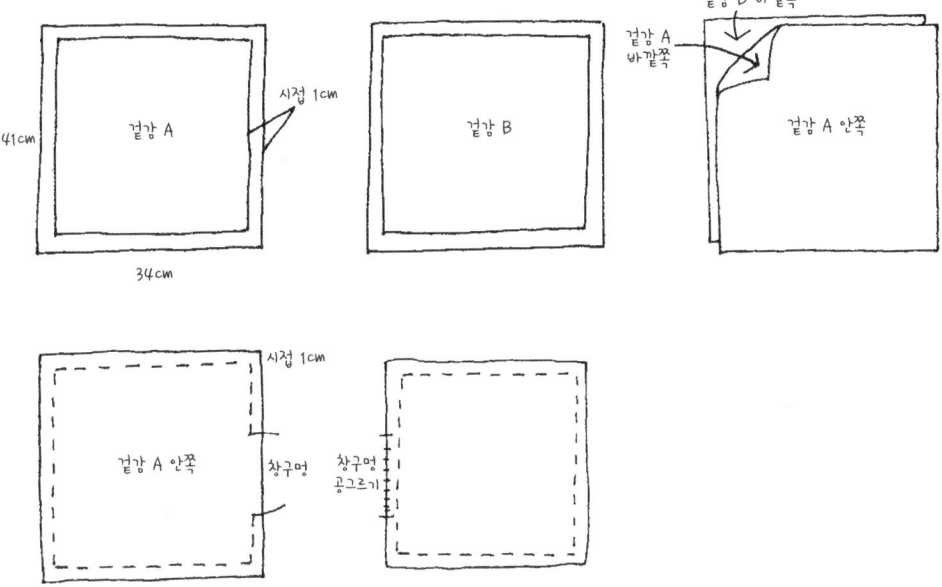

1 41x34cm(시접 1cm 포함) 크기의 무명천을 앞판 1장, 뒤판 1장을 준비한다.
2 수놓은 무명천의 바깥쪽과 바깥쪽이 마주보게 한 후 5~7cm의 창구멍을 남기고 모두 박음질한다.
3 겉감 쪽으로 시접을 꺾어 다림질한 후에 창구멍으로 뒤집어준다.
4 모양을 잡아주며 창구멍을 공그르기로 마감한다.
5 완성선에서 0.6~0.7cm 정도 안쪽으로 사방을 자수실 2겹으로 홈질한다.
6 다림질해서 완성한다.

+ 바느질 이야기

무명은 예로부터 우리 민족의 천이었다. 미적 특성이 질박하고 소박한 우리네 민족과 닮아서 더욱 정이 가는 천이다. 무명으로 옷을 지으면 겨울옷은 솜을 두어 겹으로 짓고, 봄가을 옷은 그냥 겹으로 짓고 여름옷은 홑으로 지었다고 한다. 요즘은 소비가 거의 없어서 손으로 짜는 무명은 찾아보기 어려운 실정이다. 나주의 무명 짜기가 중요 무형문화재로 지정되어 그 전통을 이어오고 있다.

동글동글
사랑스러운,
호박 핀쿠션

자투리 천을 모아두면 쓰임새가 많다.
동글동글 귀여운 호박 모양 핀쿠션을
만들어서 핀을 꽂아도 좋고 여러 가지 색의
천으로 만들어서 창가에 두면 인테리어
효과도 있다. 도레미파솔라시도, 높낮이를
조절해서 달아주면 더욱 사랑스럽다.
작고 귀여운 호박 핀쿠션을 바늘로
찌르면 아프지 않겠냐는 아들의 말에
웃으며 만들었다.

호박 핀쿠션 만들기

943, 3687/프렌치노트S ②
레이지데이지S ②

743/프렌치노트S ②

988
리프S ②

988/아우트라인S ①

349, 350, 352
불리온 로즈S ②

368
레이지 데이지S ②

367/아우트라인S ①

준비물
☐ 리넨 또는 광목 12×12cm 2장 ☐ 솜 ☐ 색상 자수실 ☐ 단추 2개 ☐ 바느질 도구

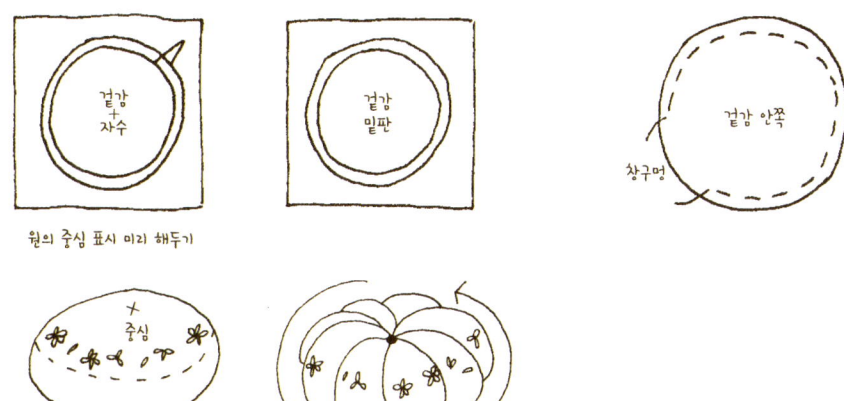

1 정사각형 리넨 원단 2장에 패턴을 대고 원을 그린다.
2 겉감 한쪽에 자수를 놓고 2개의 원 모양 겉감에 시접(1cm)을 주고 재단한다.
3 2개의 겉감은 서로 바깥쪽을 맞춰 놓고 창구멍을 제외한 부분을 완성선을 따라 박음질한다.
4 바깥쪽이 보이게 뒤집고 솜을 넣는다.
5 빵빵할 정도로 솜을 넣은 다음 창구멍을 공그르기로 메운다.
6 겉감에 원의 중심을 표시한다.
7 색상 자수실 3겹을 바늘에 끼우고 아래쪽 원 중심에서 위쪽 원 중심을 통과하여 8개의 호박선을 만들어준다.
  이때 실을 적당히 당겨서 볼륨이 통통하게 올라오게 해준다.
8 아래로 쏙 들어간 원의 중심에 아래위로 각각 단추를 달아준다.

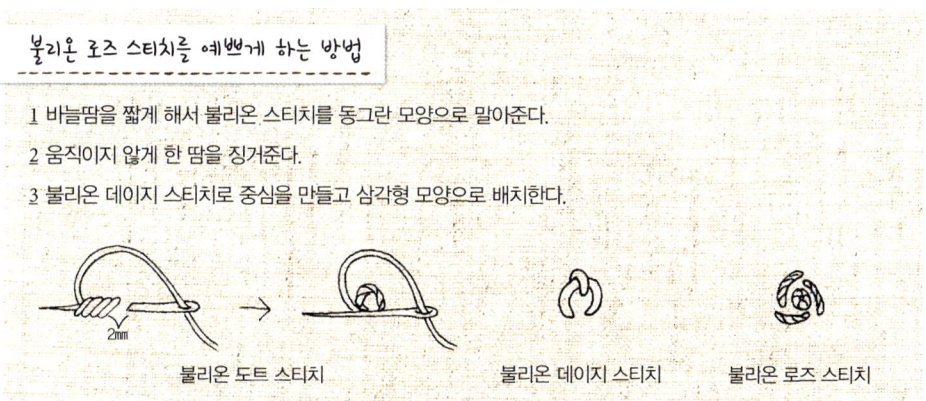

불리온 로즈 스티치를 예쁘게 하는 방법

1 바늘땀을 짧게 해서 불리온 스티치를 동그란 모양으로 말아준다.
2 움직이지 않게 한 땀을 징거준다.
3 불리온 데이지 스티치로 중심을 만들고 삼각형 모양으로 배치한다.

아버지의 안경집

젊은 날 멋내기를 좋아하던 아버지는 언젠가부터 염색을 하지 않는다.
어느새 하얀 백발이 소복하다.
너무 하얘서 밉다.
백발이 바람에라도 흩날릴 때면 빨랫방망이로 자근자근 두들긴 것 마냥
마음이 아려온다.
짠하다는 말은 딱 이럴 때 쓰는 것인가 싶다.
요즘은 염색약이 좋아져서 시력이 나빠지지 않는다고 말씀을 드려도
연로하신 아버지는 이제 관심이 없다.
그런 아버지를 생각하며 안경집에 수를 놓는다.

+ 잉어 이야기

잉어는 복을 주는 동물로 알려져 있다. 용으로 변하는 잉어가 출세를 상징하기 때문이다. 등용문登龍門의 유래도 승천한 잉어가 용이 된다는 것이다. 또한 '연꽃 연蓮'은 '곧 연連'과 발음이 같기 때문에 '연이어 계속'이라는 의미로도 해석이 된다. 그래서 우리 선조들은 소과小科, 대과大科 두 번의 과거에 연이어 급제한다는 의미를 담아 잉어와 연꽃 그림을 방에 붙여놓고 장원급제를 기원하기도 했다고 한다. 대학 입시를 앞둔 수험생 자녀들의 합격을 기원하며 잉어와 연이 수놓아진 소품을 지니면 엄마의 염원이 자녀에게 좋은 기운을 전해줄 것만 같다.

안경집 만들기

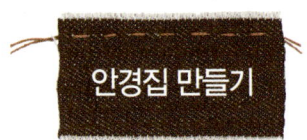

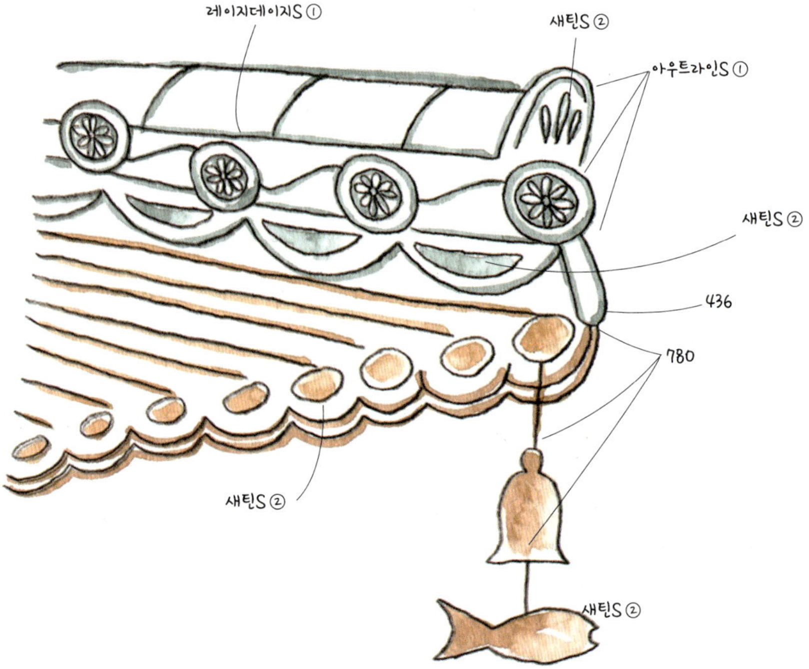

레이지데이지S ①
새틴S ②
아우트라인S ①
새틴S ②
436
780
새틴S ②
새틴S ②

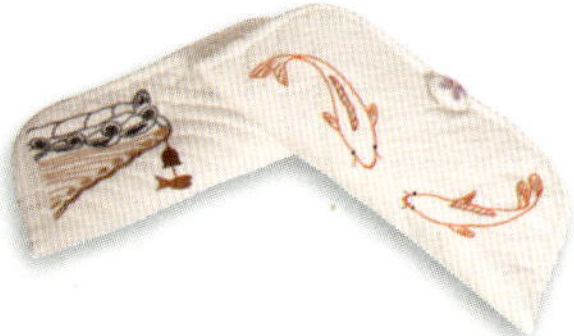

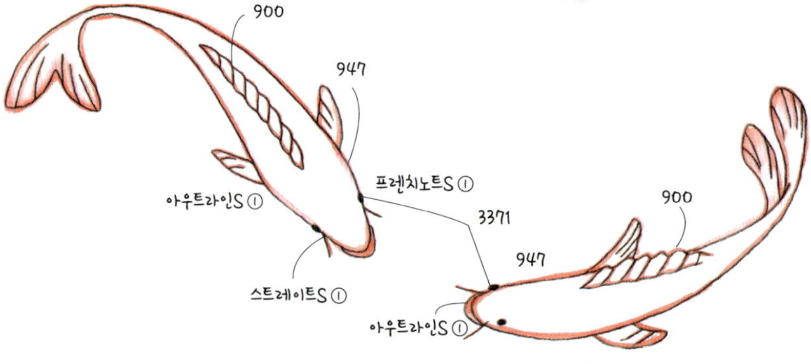

900
947
프렌치노트S ①
아우트라인S ①
3371
900
947
스트레이트S ①
아우트라인S ①

준비물

□ 광목 겉감 17×19cm 1장 □ 안감 17×19cm 1장 □ 바이어스테이프 □ 싸개단추 □ 단추고리 □ 3온스 퀼팅솜 □ 바느질 도구

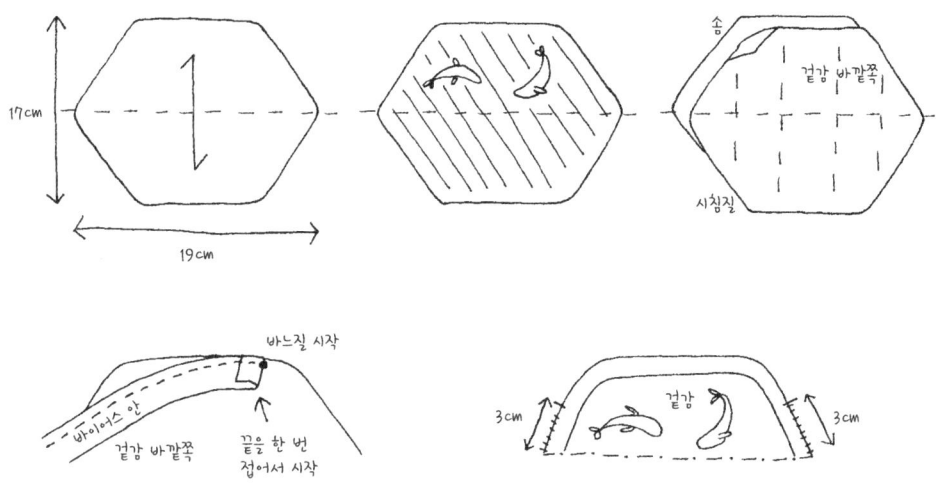

1 시접 없이 패턴 완성선을 따라 겉감, 안감, 솜을 재단한다.
2 겉감 바깥쪽의 자수 부분을 제외한 나머지 공간에 지워지는 펜으로 1.5cm 간격을 두고 사선을 그린다.
3 겉감 안쪽에 솜을 모양대로 맞추고 겉감 바깥쪽에서 시침질하여 고정시킨다. 초보자의 경우 바늘땀은 5~7mm 간격으로 일정하게 주며 솜과 겉감을 함께 고운 홈질로 누빈다.
4 누빔이 끝나면 시침질한 실을 제거한다.
5 겉감 안쪽의 솜 부분에 안감 안쪽을 맞대고 시침핀으로 고정한다.
6 겉감 바깥쪽의 완성선에 맞춰서 바이어스테이프 바깥쪽을 맞대고 박음질한다. 이때 바이어스테이프 끝은 1cm 정도 접은 상태에서 시작한다.
7 처음 시작 부분에 오면 1cm 정도 겹쳐 박음질한 후 바이어스테이프를 잘라준다.
8 안감으로 바이어스테이프를 넘기고 공그르기하거나 감침질로 마무리한다.
9 안감끼리 맞대어서 반으로 접고 접은 부분에서 위로 3cm 올라간 지점을 표시한 다음 표시된 지점까지 공그르기 또는 감침질로 잇는다.
10 자수가 놓인 겉감의 입구 중앙에 싸개단추를 단다.
11 자수가 없는 뒤쪽 입구에 고리를 단다. 이때 고리는 안감 쪽에서 달아준다.
12 스팀다림질 후 완성한다.

친구와
나누어 갖고 싶은,
장미파우치

불리온 스티치를 이용해서 장미파우치를 만들어보았다.
지퍼는 쏙 감출 수 있는 콘솔 지퍼를 사용했다.
자수실의 예쁜 색이 잘 보이게 하얀색 천을 사용했지만
각자 좋아하는 다양한 색상을 사용해도 좋겠다.
파란색 천에 아이보리색 장미, 보라색 천에 노란 장미.
더욱 더 화려한 장미를 파우치 위에 수놓아보자.

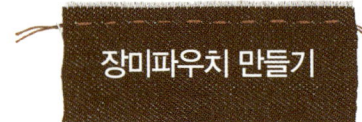

장미파우치 만들기

볼리온로즈S ②
아우트라인S ①
819
새틴S ②
레이지데이지 ②
스트레이트S ②
761
3688
368
761
890
760

준비물

겉감 : 무명천 25×22cm 1장   안감 : 누비 원단 25×22cm 1장   바이어스테이프   콘솔 지퍼 25cm

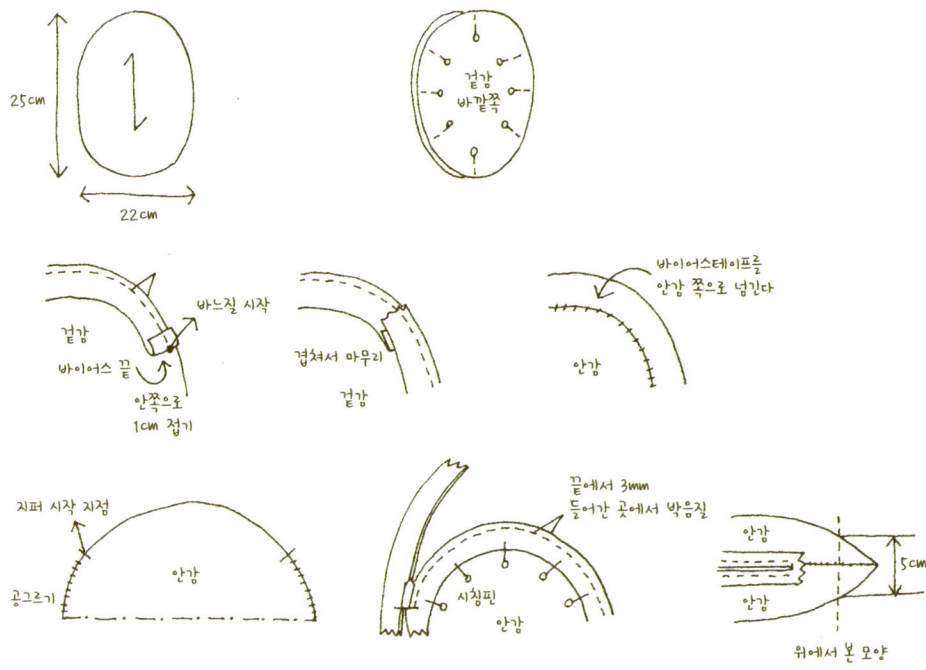

1 시접 없이 완성선을 따라 재단한 겉감과 안감을 안쪽끼리 맞대어 겹치고 시침질하거나 시침핀으로 고정한다.
2 준비한 바이어스의 바깥과 겉감 바깥쪽을 서로 맞추고 바이어스 끝을 안쪽으로 1cm 정도 접어준다.
3 시접(1cm)을 두고 바이어스테이프를 접은 곳부터 박음질한다(총 3겹, 바이어스테이프, 겉감, 안감을 동시에 박음질).
4 완성선을 따라 한 바퀴를 둘러 바느질하고 첫 시작점까지 오면 처음 바이어스 접은 부분까지 겹쳐 바느질한 후 남은 바이어스는 잘라낸다.
5 겉감 쪽에 있는 바이어스테이프를 안감 쪽으로 넘긴다.
6 바이어스테이프는 시접을 접어 이미 다림질한 상태이므로 안감 쪽으로 넘긴 후 겉감 쪽에서 박음질한 선을 바이어스테이프 시접 접은 선과 맞물리며 공그르기한다.
7 안감이 보이게 반달 모양으로 접고 콘솔 지퍼를 달 위치를 안감에 표시한 뒤 접은 중심 지점에서 지퍼를 달 위치까지 공그르기한다.
8 콘솔 지퍼 톱니 라인과 바이어스 완성선의 좌우를 정확하게 맞춘다. 끝 라인에서 3mm 정도 들어간 자리에 박음질한다.
9 모서리 끝점을 눌러 삼각형 모양으로 만들고 직선으로 바느질한다.
10 삼각형을 아래쪽으로 접어 파우치 바닥을 만든 후 뒤집는다.
11 스팀다림질하여 완성한다.

콘솔 지퍼 준비

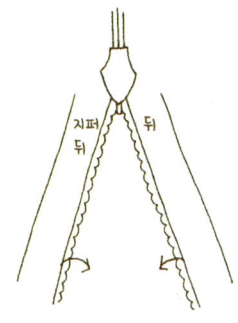
앞쪽으로 넘겨 다림질해서 펴준다.

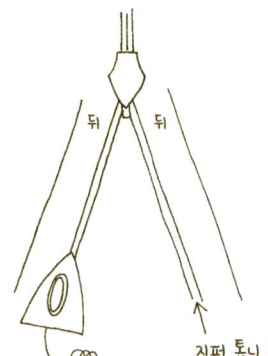
지퍼 톱니 부분이 앞쪽으로 향함

바이어스테이프 연결하기

바이어스테이프까지 연결할 경우

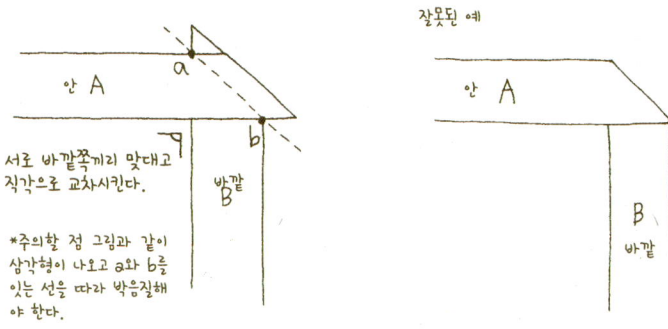

서로 바깥쪽끼리 맞대고 직각으로 교차시킨다.

*주의할 점 그림과 같이 삼각형이 나오고 a와 b를 잇는 선을 따라 박음질해야 한다.

잘못된 예

바이어스테이프 만들기

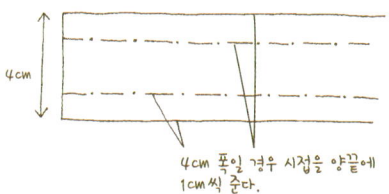

4cm 폭일 경우 시접을 양끝에 1cm씩 준다.

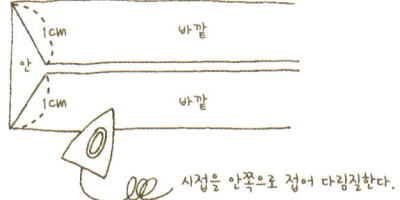

시접을 안쪽으로 접어 다림질한다.

바구니에
행복을 담다,
사각 바구니 덮개

평소에 다도를 즐기는 선배님을 위해 모란을 수놓아 만들었다.
해맑게 웃으며 기뻐할 모습이 눈에 선하다. 모란은 꽃 중의 왕으로 '부귀화'라고도 불렸다.
부귀와 음양의 조화, 행복 등의 상징으로 오래전부터 사랑받아온 꽃 중 하나다.
다도를 즐기는 분께 의미 있는 선물이 될 것이다.

사탕을 가득 담고 싶은,
원형 바구니 덮개

원래는 마른행주로 잘 닦은 수저받침을
원형 바구니에 담지만 가끔은 아기자기한
사탕을 담아놓기도 한다. 아들이 작은 손을
넣어 사탕을 욕심 가득 집는 모습이
사랑스러워 일부러 넣어두기도 한다.
최근에는 손무명이 거의 수입산이라
질좋은 천을 찾기 어렵다. 국내에서 방직한
대폭 기계무명천을 사용해서 만들었다.
보풀이 일지 않아서 실용적인 천이다.

사각 바구니 덮개 만들기

준비물
☐ 누비 광목 1장(크기는 바구니에 맞추기) ☐ 광목 1장 ☐ 바이어스테이프 ☐ 자수 조각 ☐ 프릴 ☐ 줄자 ☐ 바느질 도구

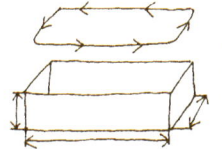
① 몸통 둘레 재기
② 높이 재기
③ 밑면 사각형의 가로, 세로 길이 재기

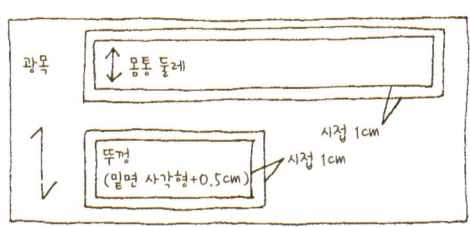

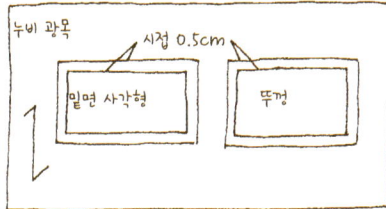

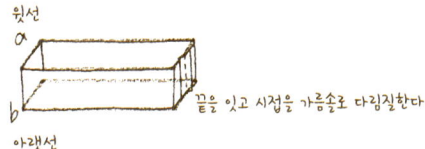
끝을 잇고 시접을 가름솔로 다림질한다.

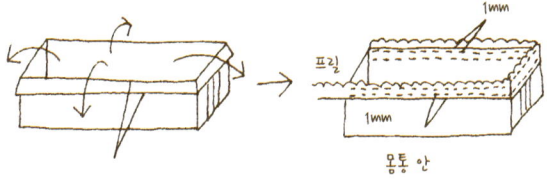

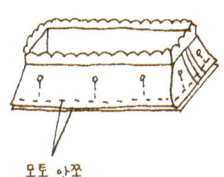

1 각각 1cm의 시접을 주고 뚜껑은 밑면 사각형 크기보다 가로, 세로 각각 0.5cm 더 크게 그린다.
2 몸통 둘레의 끝과 끝을 서로 박음질하여 잇는다.
3 몸통 둘레 윗선 a의 시접을 안쪽으로 1cm 접는다. 접은 시접에 준비된 프릴 바깥쪽을 시접(1cm) 부분과 맞대고 시접 완성선에서 1mm 들어간 지점에서 몸통 둘레를 따라 박음질하여 프릴을 완벽히 고정시킨다.
4 누비 광목 밑면 사각형의 바깥쪽과 몸통의 바깥쪽 아랫선 b를 서로 맞대어 사각형 모양을 따라 시침핀으로 고정한다. 이때 시접(1cm)을 주고 밑면 사각형 완성선 둘레를 따라 박음질한다.
5 누비 광목 뚜껑 바깥에 자수 조각을 공그르기한다. 이때 공그르기를 끝내기 전에 자수 조각 안으로 솜을 약간 넣어주면 입체적인 느낌을 줄 수 있다. 누비 광목 뚜껑의 안과 무명 뚜껑의 안을 서로 맞대고 바이어스를 두른다.
6 바구니에 끼워 완성한다.

원형 바구니 덮개 만들기

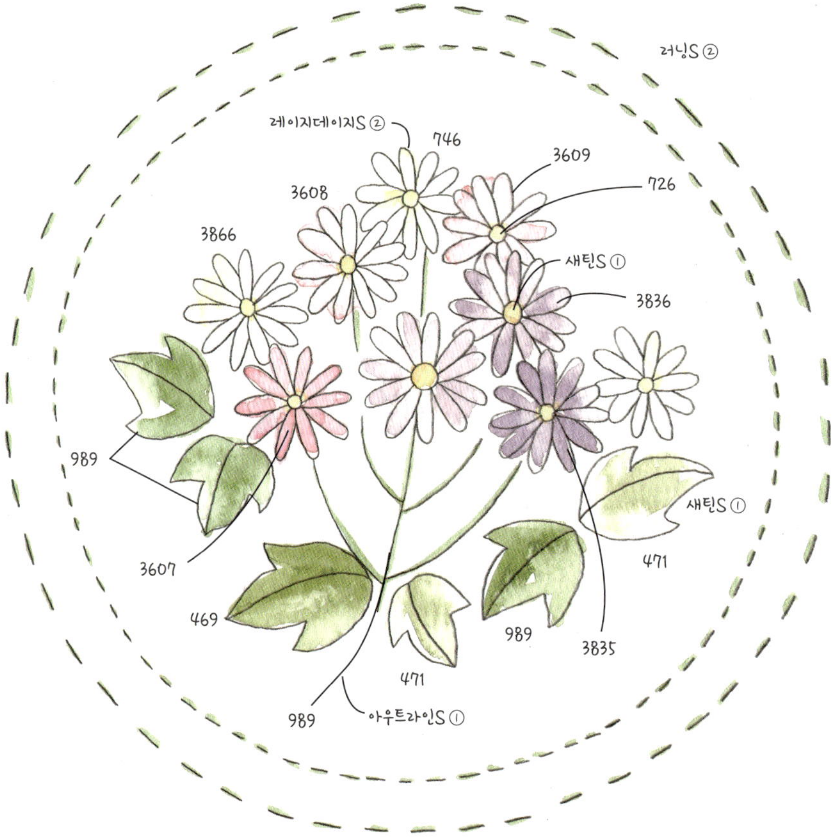

러닝S ②
레이지데이지 ② 746
3609
3608 726
3866 새틴S ①
3836
989
3607 새틴S ①
469 471
989 3835
471
989 아우트라인 ①

준비물
무명 1장(크기는 바구니에 맞추기) 자수 조각 프릴 색실 바느질 도구

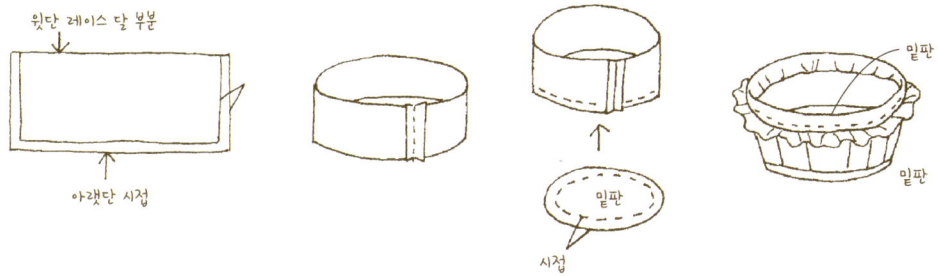

원형 바구니 커버 만들기

1 커버의 몸통 부분을 동그랗게 이어준다.
2 아랫단에 주름을 잡아 밑판에 맞춰 이어준다.
3 프릴을 달아준 뒤 바구니에 씌우고 넘겨서 자리를 잡아준다.

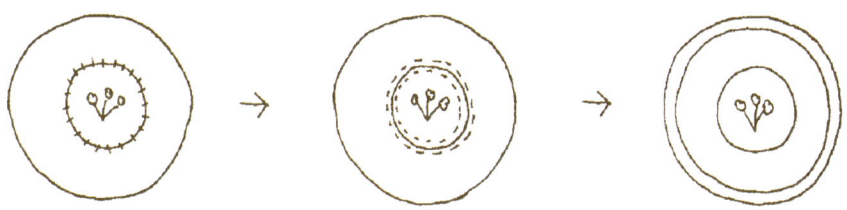

원형 바구니 뚜껑 만들기

1 수놓은 부분을 동글게 잘라 뚜껑 중앙에 공그르기로 붙여준다.
2 뚜껑은 시접 없이 잘라서 준비한다.
3 색실로 홈질하면 장식 효과를 더할 수 있다.
4 가장자리에 바이어스를 둘러 마무리한다.

언제나 내 편인
엄마를 위한,
팬지 보자기 🌸

엄마에게

제가 중학교에 들어간 해였을 거예요.
아버지에게 꾸중을 듣고 등교한 날, 사춘기라 그랬는지 학교가 끝나고도 집으로 가기가 싫었습니다.
같은 반 짝꿍의 집에 따라가서 놀다가 그만 잠이 들었어요.
낯선 아침 공기에 불편한 마음으로 등교를 했는데 점심시간이 되기도 전에 엄마가 학교로 찾아 오셨지요.
가파른 언덕을 올라오느라 힘에 부치셨던지 연신 땀을 훔치며 한손에는 도시락을 들고서,
"아부지는 아직 모른다. 학교 끝나면 곧장 집으로 오거라" 하시고 제 손에 도시락을 건네주시고는 집으로 가셨습니다.

엄마를 배웅하는 교정에는 생물선생님이 심어놓은 색색의 팬지가 바람에 팔랑거렸고.
도시락을 풀어보니 아직 온기가 남아 있는 밥과 분홍 소시지가 나란히 줄지어 있었어요.
당시만 해도 소시지 반찬은 일 년에 몇 번 맛볼 수 없는 고급 반찬이었죠.

분홍 소시지와 노란 달걀말이가 담긴 엄마의 도시락은 학교 화단에 피어 있던 색색의 사랑스러운 팬지를 생각나게 합니다.
바쁜 일 잠시 멈추고 엄마와 소풍을 갔으면 좋겠어요.
분홍 소시지에 달걀옷 입혀 노릇노릇 잘 구워내고 꽃밥을 담아 도시락으로 준비할게요.
그러고 보니 아직까지도 엄마에게 고맙다는 말을 못했네요.
30년이 훌쩍 넘은 지금에야 고백합니다. 그때 정성 들여 싸주신 도시락은 정말 맛있었어요.
엄마 고마워요.
건강하세요.

+ 바느질 이야기

우리나라 전통 의상에는 주머니가 없다. 바느질 문화가 발달한 나라에서 어찌 주머니가 없을까? 여러 가지 이유가 있겠지만 우리 선조들은 소유하는 것에 가치를 두지 않았다고 보는 시각이 맞을 것이다. 대신 담고 싸는 보자기 문화가 발달한 것이 아닐까? 조상들의 고매한 삶에서 기품이 느껴진다. 선물할 때 포장지보다 광목이나 리넨으로 보자기를 만들고 작은 꽃을 하나 수놓으면 받는 이에게는 오래오래 행복한 선물이 될 것이다.

팬지 보자기 만들기

준비물

광목 62X62cm   자수실   바느질 도구

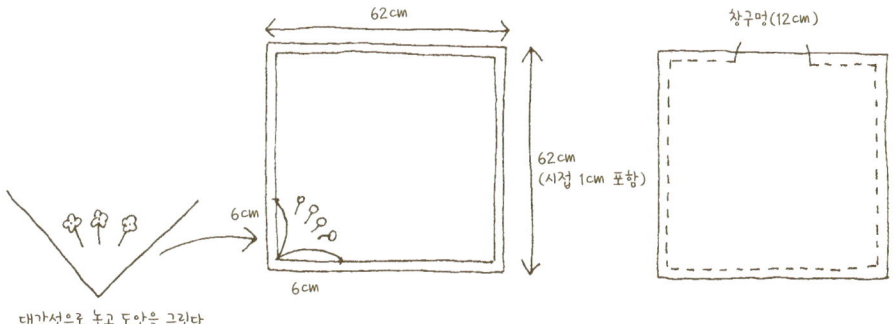

1 광목을 준비하고 완성 사이즈에서 가로, 세로 6cm 위쪽에 팬지 도안을 그린다.
2 팬지를 수놓은 후 겉감끼리 마주보게 하고 창구멍을 12cm 남기고 박음질한다.
3 뒤집은 후에 창구멍을 공그르기한다.
4 다림질하여 완성한다.

나른한 오후가 기다려지는,
꽃자수 쿠션

햇빛 좋은 날, 올망졸망 작은 아이들이 줄지어
소풍을 간다. 작업실 창에서 내려다보고 있으려니
나도 아이 때는 저렇게 소풍을 갔었는데 싶어
쿠션에 수를 놓다 말고 꽁무니에 붙어서 졸졸
따라가고 싶어진다.

쿠션을 만들 때는 부드럽고 튼튼한 광목을
사용하면 좋다. 피부가 민감한 편이라면
하얗게 가공한 광목보다는 생지를 사서 직접
정련해서 만드는 것이 더욱 좋다. 세제를 조금
풀어 광목을 담근 후 50분~1시간 정도
폭폭 삶아주면 누런색 물이 빠지면서 하얀
광목이 된다. 자연스러운 소색을 좋아한다면
가볍게 삶거나 물에 한나절 푹 담갔다가 미끈거리는
풀기가 빠질 때까지 헹구고 툭툭 털어서 널면 된다.
광목이 덜 말랐을 때 사방으로
당겨가며 틀어진 올을 판판하게 잡아준다.

꽃자수 쿠션 만들기

준비물

리넨 113×47cm 1장   쿠션 솜   바느질 도구

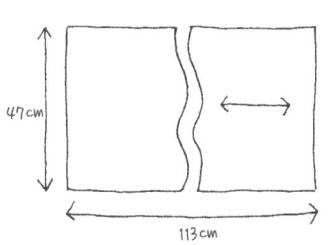
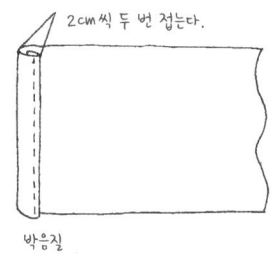

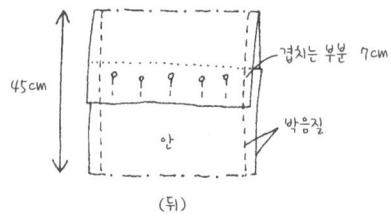

1 리넨 길이 부분의 끝을 2cm 접고 또 접어(총 4cm) 바깥쪽에서 박음질한다. 양끝 모두 시접을 두 번 접고 박음질한다.

2 겉감 안쪽이 보이게 쿠션 앞부분을 45cm 크기에 맞춰 접어준다. 그러면 중앙 부분이 겹쳐지는데, 겹치는 부분이 흐트러지지 않게 핀으로 고정한다.

3 폭의 양옆에 시접(1cm)을 주고 박음질한다.

4 겹친 부분의 핀을 뽑고 다림질한 후 뒤집어서 다시 다림질한다.

5 쿠션 뒷면의 겹쳐진 부분을 벌려 쿠션 솜을 넣는다.

+ 바느질 이야기

생활 자수 소품은 오래도록 사용해도 싫증 나지 않는다. 그래서 천과 실이 점점 하나가 되어 너덜너덜해질 때까지 버리지 못하는 경우가 많다. 낡고 해져도 은근한 매력이 있기 때문이다. 자수 소품은 물세탁에 잘 견딜 수 있게 짧고 튼튼한 스티치를 사용해서 만들고, 소품에 들어가는 자수는 크지 않은 꽃으로 수놓으면 좋다. 과하게 크지 않고 쉽게 싫증 나지 않는 적당한 도안으로 수를 놓아보자.

+ 원단 이야기

광목은 가급적 표백제를 사용하지 않도록 한다. 정련 후 깨끗하게 헹궈지지 않으면 다림질을 할 때 누르게 된다. 광목이 90% 정도 건조되었을 때 다림질을 하면 힘들이지 않고 잘 다릴 수 있다.

웃음이 가득한 친구를 위한, 여의주 러너

가끔 너를 보면 참 신기해.
어쩌면 그리도 유쾌하고 즐거운 사람인지.
그 당당한 유머와 재치는 어디에서 왔는지.

함께 있으면 즐겁고 유쾌한 사람.
내가 가장 부러워하는 사람.
그게 바로 너야.

넌 아마도 태어날 때부터
긍정 바이러스와 유쾌한 디엔에이를 물려받았는지도 몰라.
한번 터지면 참지 못하는 너의 웃음에
나도 전염이 되었나 봐.

너에게 줄 러너를 만들었어.
유학 생활 동안 신세를 질 주인집에 선물로 드렸으면 좋겠다.
그분들이 너를 잘 보살펴줄 거라 믿어.
잘 다녀와, 여기서 기다리고 있을게.

+ 바느질 이야기

여의주 모양의 사방연속 꽃무늬 문양에 작은 풀꽃을 하나씩 심어서 독특한 소품을 만들었다. 이것을 규방공예에서는 여의주문이라고 하고, 퀼트에서는 성당창문 기법이라고 한다. 28개의 꽃을 담았지만 더 많은 꽃을 담아 가리개로 만들어도 훌륭한 작품이 된다. 다도를 즐기는 사람에게는 찻잔과 도구를 덮는 덮개로 만들어 선물하면 감동이 담긴 특별한 선물이 될 것이다.

여의주 러너 만들기

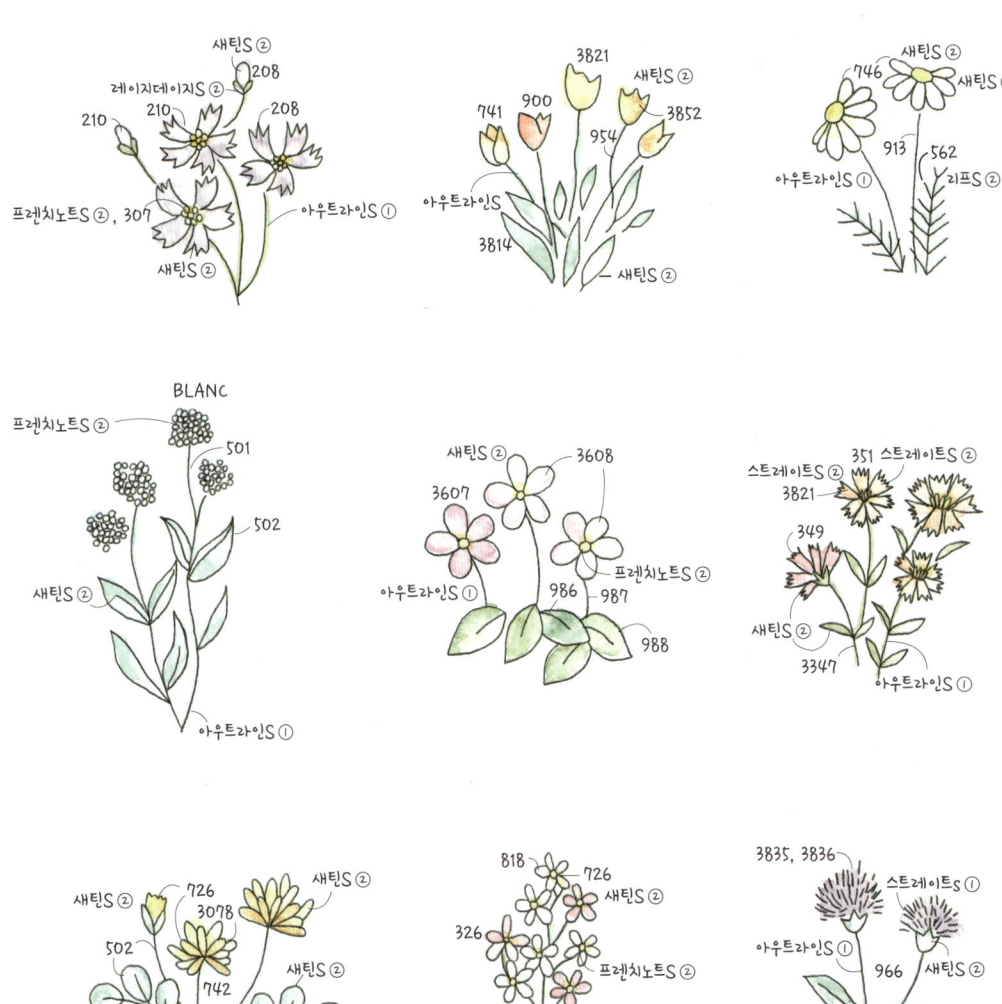

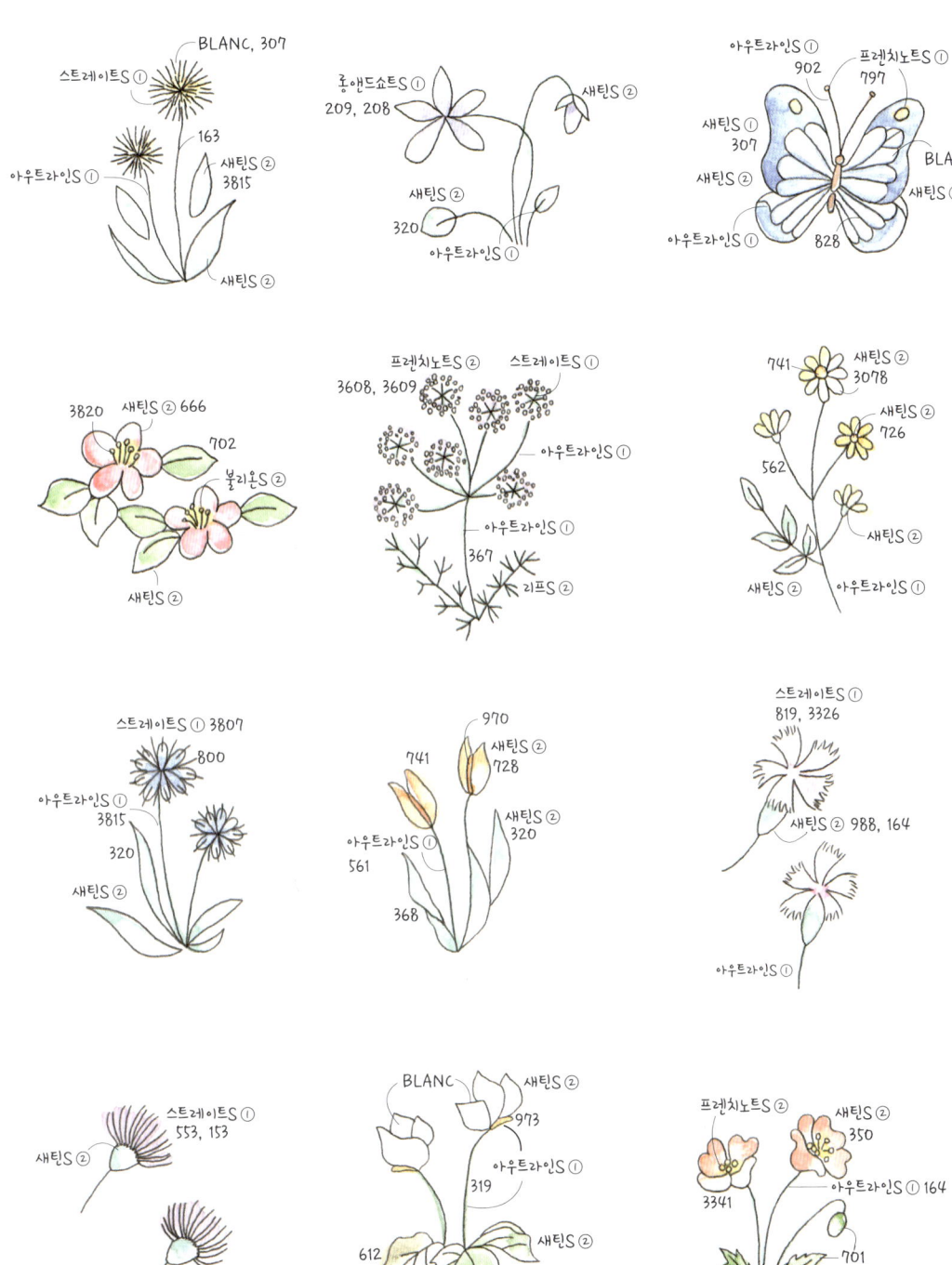

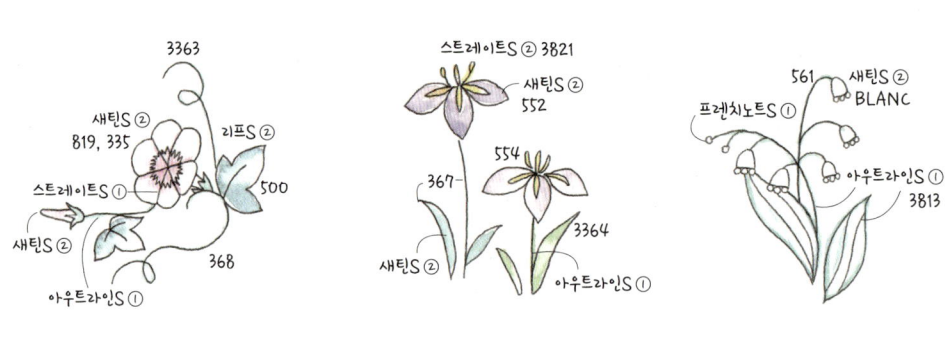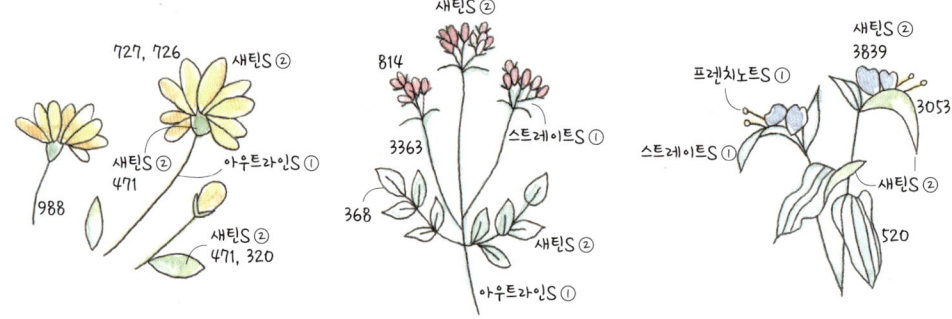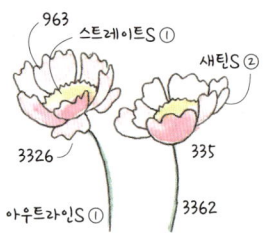

준비물
□ 광목 26×26cm(시접1cm포함) 20장 □ 자수 조각 7.5×7.5cm 28조각 □ 타슬 2개 □ 광목 밑단 122×26cm □ 바느질 도구

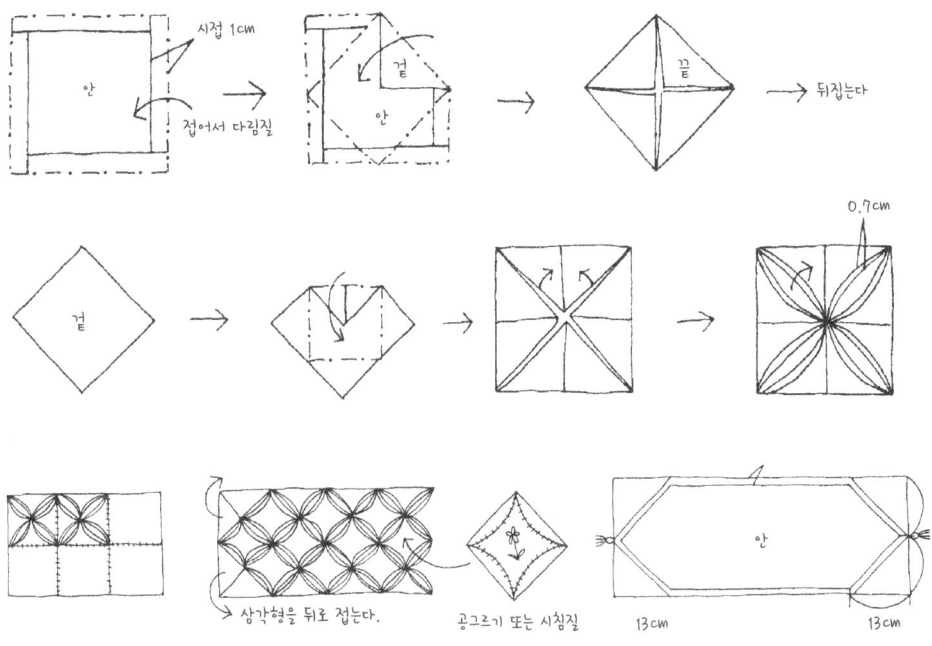

1 사방 1cm 시접을 접어 다림질한다.

2 양끝 모서리를 중앙으로 향하도록 삼각형으로 접는다.

3 네 모서리를 모두 접고 바깥쪽이 보이게 뒤집는다.

4 다시 양끝 모서리를 중앙으로 향하도록 삼각형으로 접는다.

5 접힌 삼각형 빗변을 0.7cm 두께의 둥근 초승달 모양으로 접는다. 총 8개의 빗변을 같은 방법으로 접어 다림질한다.

6 1~5의 방법으로 사각형 조각을 20장 만든다.

7 사각형 네 변을 공그르기로 서로 잇는다. 2열 10행, 총 20장을 잇는다.

8 그림의 빗금 친 부분에 자수 조각을 넣고 초승달 모양으로 접은 끝선을 자수 조각에 공그르기하여 총 28개의 자수 조각을 고정시킨다.

9 양끝 사각형 모서리의 삼각형 부분을 뒤로 접어 고정시킨다.

10 러너 밑판은 시접(1cm)을 두고 러너의 모양대로(끝은 삼각형 모양으로) 재단한다.

11 시접을 접어 다림질한 후 러너 바깥판의 안과 러너 밑판의 안을 서로 맞대고 완성선을 따라 공그르기 또는 감침질한다.

12 삼각형 꼭지점에 타슬을 달아준 뒤 다림질하여 완성한다.

작은 꽃이 모여
하나가 되다,
약장함

친구를 만날 때면 서둘러 나가서 기다리는 게 마음이 편하다.
친구가 올 때까지 햇살이 잘 드는 밝은 창가에 자리를 잡고 작은 꽃을 수놓는다.
가족끼리 여행을 갈 때도 작은 꽃수를 놓기 위한 준비물을 꼭 챙긴다.
작은 꽃, 나비, 열매 등 틈날 때마다 그때그때 마음에 드는 것을 만들어두면
꽃과 나비가 들어간 약장함이 되기도 하고
지인에게 선물할 작은 브로치가 되기도 한다.
작은 자수가 주는 소소한 행복이다.

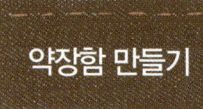

약장함 만들기

준비물

□ 반제품 약장함 □ 프레임(약장함의 사이즈에 맞춘다) □ 한지 □ 자수 천 □ 목공풀 □ 바느질 도구

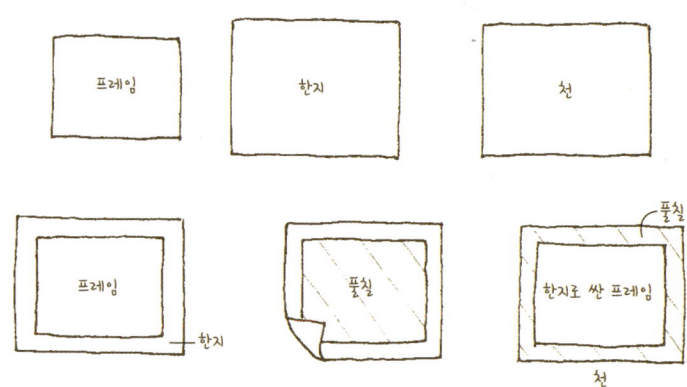

<u>1</u> 약장함 앞면에 붙일 프레임을 준비한다. 프레임 전체를 딱풀로 칠하고 한지로 싼다. 원단이 잘 붙는 역할을 한다.

<u>2</u> 자수를 놓을 천을 프레임 크기보다 사방 0.5cm 크게 재단한다.

<u>3</u> 자수를 완성하고 풀칠한 프레임으로 자수를 놓은 천을 싼다.

<u>4</u> 약장함 테두리에 목공풀을 바른 후 수놓은 천을 붙인다.

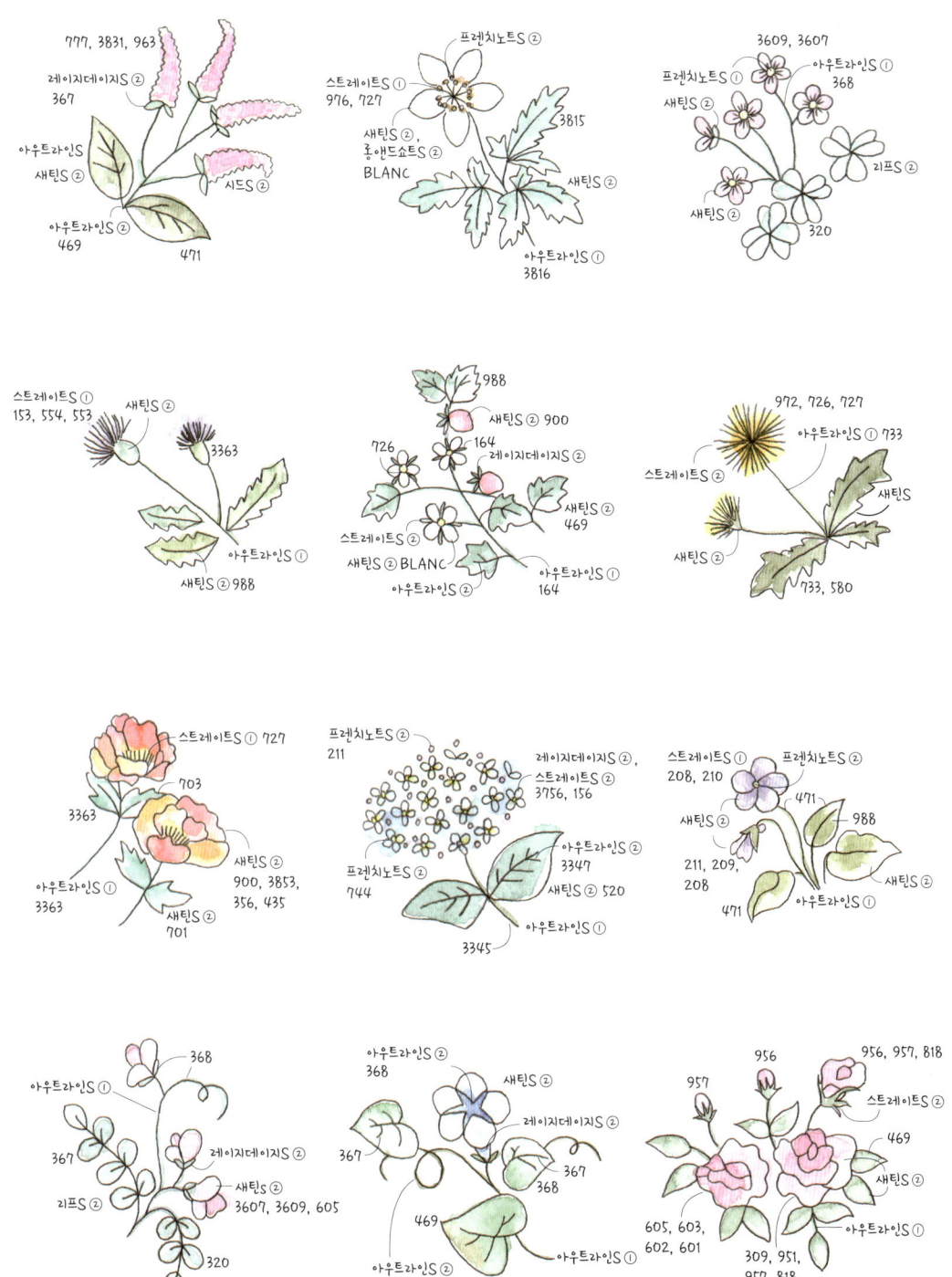

꽃이 비치는
작은 창문,
광목 가리개

드디어 내 방이 생겼다.

어릴 적 우리 삼남매는 함께 방을 썼고
그때부터 창문이 예쁜 방을 갖는 게 소원이었다.

내 방, 나만의 공간을 얼마나 갖고 싶었는지.
결혼하고 아이를 키우면서 잊고 지내다가
마흔이 훌쩍 넘어서 그 기억이 떠올랐다.
가족의 원성을 못 들은 체하고 내 방을 쟁취했다.
그리고 작업실이란 이름을 붙여주었다.

하루 종일 웃음이 입가를 떠나닌다.
햇살이 환하게 들어오는 작업실에 들꽃이 피어 있는 가리개를 걸어두고 싶다.
누런색 광목을 뽀드득 소리가 날만큼 하얗게 삶아 빨랫줄에 널어두니
어느새 햇빛과 바람은 쌀풀 먹인 광목을 까슬까슬하게 잘 말려준다.

패랭이, 개망초, 꽃잔대를 광목천에 스미듯 수놓고 보니
작업실에서 향긋한 풀꽃 내음이 날 것 같다.
등산 가는 남편에게 가리개를 걸어둘 나뭇가지 하나 주워오라고 당부해야겠다.

광목 가리개 만들기

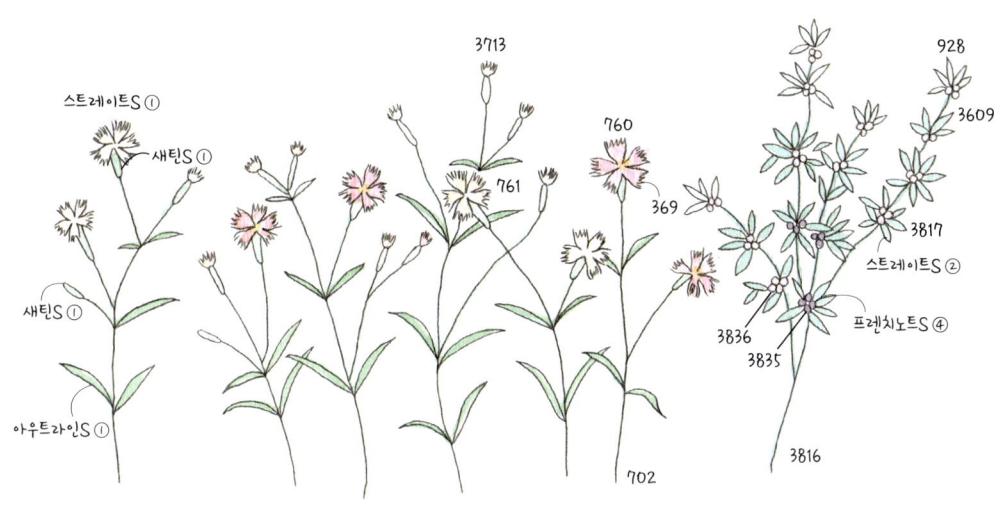

준비물
□ 광목 원단 2장(앞판 102x37cm, 뒤판 114x49cm, 보드 상하 114x8cm 2개, 보드 좌우 37x8cm 2개, 고리 6x12cm 10장, 시접 포함)
□ 바느질 도구

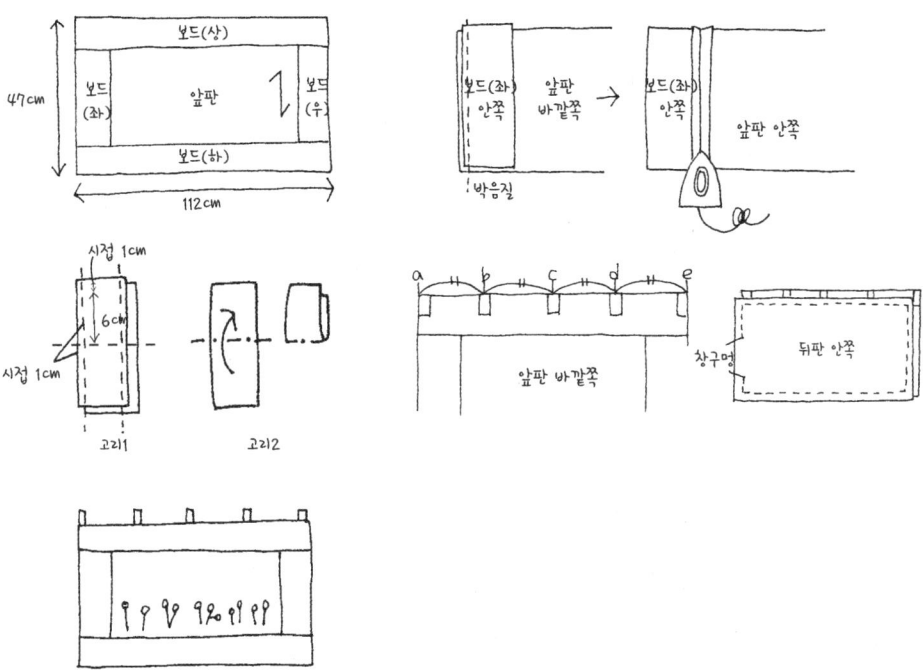

1 고리는 바깥쪽과 바깥쪽을 맞대고 시접 1cm 양쪽을 박음질한다. 바느질하지 않은 부분을 통해 뒤집고 다림질한다. 5개를 만들어둔다.
2 앞판 바깥쪽 옆 라인에 맞춰 보드와 바깥쪽을 맞대고 박음질한다.
3 보드를 옆으로 펼치고 시접은 가름솔로 다림질해둔다.
4 보드(우), 보드(상, 하) 모두 2, 3 과정으로 앞판과 잇는다.
5 보드와 연결한 앞판의 바깥쪽과 보드(상) 위에 만들어둔 고리 5개를 반으로 접어 a, b, c, d, e 지점에 대고 시침핀으로 고정시킨다.
6 뒤판 바깥쪽을 앞판 바깥쪽과 맞대고 창구멍을 제외한 나머지 부분을 박음질한다. 이때 시접은 1cm를 둔다.
7 창구멍으로 뒤집고 다림질한 후 창구멍을 공그르기로 메운다.
8 다림질해서 완성한다.

☙ 개망초, 패랭이, 풀솜꽃, 골파, 유채꽃, 마타리꽃을 자유롭게 배열한다. 잔잔한 풀꽃들 사이사이에 노란색 마타리를 하나씩 넣어도 예쁘다.
☙ 보드를 아이보리색으로 하면 더욱 멋스럽다.

+ 바느질 이야기

광목은 폭이 좁은 무명을 대신해 나온 천으로 조선시대 말기부터 보급되었다. 우리 할머니를 비롯해 많은 여인네들의 사랑을 받아온 직물이기도 하다. 광목의 누런색은 삶을수록 하얘지고 조직은 짱짱해진다. 가격 또한 저렴하다. 평직으로 짜여서 도안을 옮기기도 쉽고 수를 놓기에도 가장 적당하다. 가리개는 20수 광목을 정련해서 만들었다.

+ 풀꽃 이야기

나는 개량품종보다 야생식물, 자생식물이 더 좋다. 손톱만 한 야생화도 그들의 언어를 가지고 있어서 귀를 기울이고 싶다. 고개를 숙이고 무릎을 굽히면 야생화가 조곤조곤 이야기를 건넨다. 그들을 이해하게 되는 날, 원단 가득 풀꽃이 필 것이다.

세 땀

―

처음,
자수를 시작하다

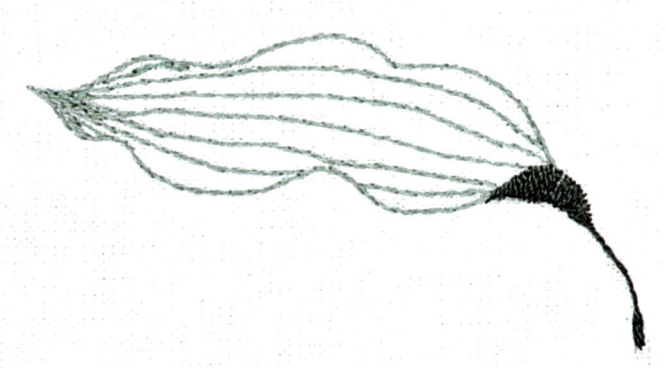

재료와 도구

가위
재단 가위와 자수용 가위를 준비한다. 원단이나 자수실을 자르는 데 외의 다른 용도로는 사용하지 않는 것이 좋다.

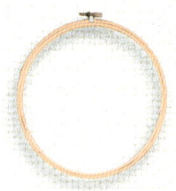

수틀
목재로 된 원형 수틀을 이용하며 10cm, 15cm, 30cm의 수틀을 주로 사용한다. 여러 개를 준비하면 다양한 크기의 작품을 만들 수 있다.

자수실
주로 DMC 25번 면사를 사용한다. 가장 대중적이고 구하기 쉽다.

압정 빼는 도구
수틀에 꽂은 압정을 뺄 때 사용한다.

자수바늘
바늘귀가 작은 것으로 준비한다.

복사지
밝은 원단에 사용할 검정색 먹지와 어두운 원단에 사용할 흰 복사지를 준비한다.

철필
도안을 먹지에 대고 옮길 때 사용한다.

트레이싱 페이퍼
도안을 옮길 때 사용하며 105g 정도 두께의 트레이싱 페이퍼를 사용하는 것이 좋다.

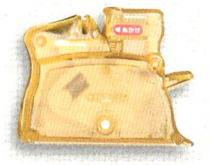
자동 실꿰기
바늘에 실을 꿰는 기구로 눈이 나쁜 사람들이 수놓을 때 유용하다.

샤프 초크펜
수성용 초크펜으로 손세탁으로 지워지며 전용 지우개로도 지울 수 있다.

실뜯개
실을 뜯을 때 사용한다. 자수를 수정할 때 사용하면 편리하다.

원단 고르기

자수를 놓을 원단을 고를 때는 손바느질하기에 적당한 두께와 조직의 천연섬유가 무난하다. 바늘과 실이 잘 들어가고 도안을 그리기에 적절한, 평직으로 짜인 광목이나 무명 리넨을 준비한다.

광목
이름에서 알 수 있듯 큰 폭으로 짜인 면직물이다. 불순물을 제거하는 정련을 거치면 하얗게 되고 세탁하면 수축된다. 흡수성과 보온성이 좋고 물세탁하기 쉬워 실용적이다. 가격이 저렴하고 튼튼해서 침구, 의류, 생활소품 등에 다양하게 활용된다.

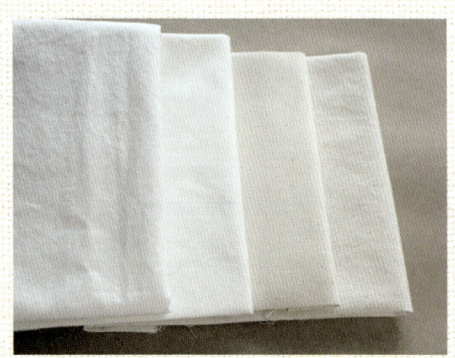

무명
표면이 불규칙해서 질박하고 소박한 미적 특성이 있는 토속 면직물이다. 흡수성과 보온성이 풍부하여 주로 의복, 침구에 사용된다. 물세탁해서 사용한다.

리넨
마를 소재로 한 천연섬유로 물에 강하고 청량감이 있는 고급원단이다. 침구, 식탁매트, 의류 등에 사용된다. 광택이 좋지만 구김이 잘 가는 단점이 있다. 물세탁이 가능하다.

견
누에고치에서 뽑은 견직물은 부드럽고 광택이 있어 아름답다. 흡습방산성, 보습성이 있어 스카프나 고급 옷감, 침구 등에 사용된다. 물세탁이 가능한 것과 피해야 하는 것 중 구분해서 사용한다.

모시
까슬까슬하며 시원한 촉감으로 습기의 흡수와 발산이 빠르며 순백색으로 광택이 난다. 방충, 통풍성이 뛰어나 여름철 옷감, 침구 소품으로 많이 사용된다. 물세탁이 가능하다.

원단의 색상 고르기

흰색
하얀색 원단은 한색寒色 계열의 꽃을 표현할 때 사용하면 좋다. 청량한 느낌이 꽃 색깔을 더욱 선명하게 만든다.

소색
난색暖色 계열의 꽃을 수놓을 때 사용하면 온화하고 따뜻한 분위기를 낸다.

천연 염색
흰색, 미색 꽃을 수놓을 때 사용하며 여백이 자연색으로 채워지기 때문에 구도를 잘 잡으면 회화성 있는 작품을 완성할 수 있다.

자수 시작하기

❋ 매듭짓는 방법

  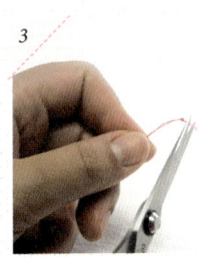

1 왼손 엄지 위에 바늘을 올리고 십자(+) 모양으로 자수실을 교차시킨다.
2 오른손으로 실을 2회 감아서 바늘을 위로 뽑아 올린다.
3 매듭지은 부분의 실은 짧게 잘라준다.

자수에 사용하는 25번사는 한 꼭지에 여섯 가닥의 실이 꼬여 있다. 40~50cm 정도의 길이로 잘라 한 줄씩 뽑아서 사용한다.

자동 실꿰기를 사용하면 실을 쉽게 꿸 수 있다.

❀ 생활 자수의 시작과 마무리

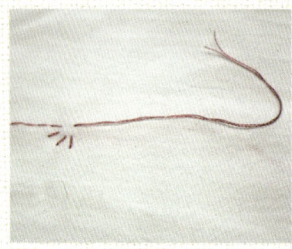

1 시작하는 부분에서 바늘을 꿸 수 있는 실의 길이를 남겨둔다.

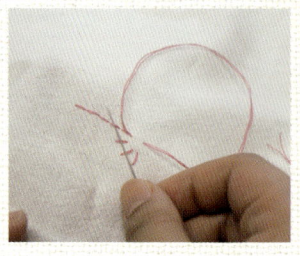 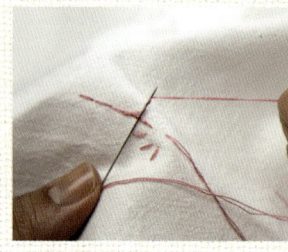

2 바늘땀을 따라 바늘을 2~3회 진행한 후 실을 걸어 매듭을 짓는다.

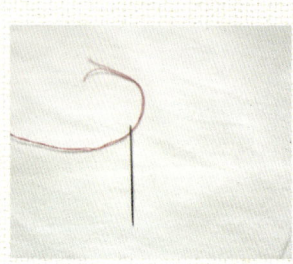

3 시작할 때 남겨둔 실을 바늘에 꿰어 같은 방법으로 마무리한다.

❀ 야생화 자수의 시작과 마무리

1 도트 스티치를 놓은 후 시작한다.
2 스티치를 할 때 도안선을 살짝 덮어주어야 완성 후 깔끔해보인다.
3 올과 올 사이에 도트 스티치를 놓고 실을 위로 당겨 가위로 바짝 자른다.

❋ 세탁하기

준비물 : 중성세제, 미지근한 물, 자수 소품

 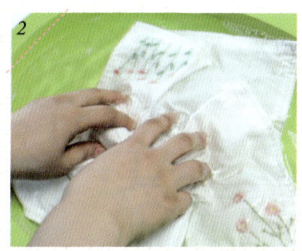 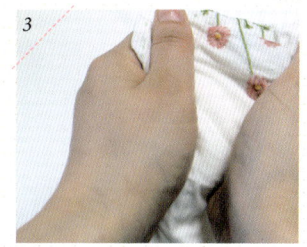

1 미지근한 물에 중성세제를 골고루 풀어준다.
2 소품 전체를 물에 담가 손으로 조물조물 빨고 가볍게 눌러서 짜고 털어 말린다.

❋ 세탁하기 천연 염색 원단

천연 염색 원단을 세탁할 때는 비누나 세제가 원단에 직접 닿지 않도록 한다. 원단 전체를 물에 담가 손으로 가볍게 주물러서 세탁한다. 단, 세제는 중성세제를 사용하고 말릴 때는 그늘에서 말린다.

❋ 사각 수틀 끼우기

 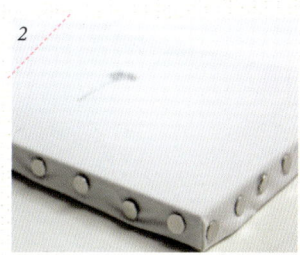

1 수틀 윗부분에 원단을 감싸고 네 면을 팽팽하게 당겨가며 압정으로 고정시킨다.
2 수틀 아래에 두꺼운 책을 놓고 도안을 그린다.

❋ 생활 자수 원형 수틀 사용법

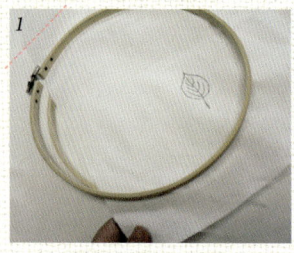  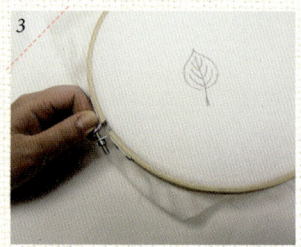

1 도안을 가운데 두고 작은 원형 위에 천을 올린다.
2 큰 원형으로 눌러 끼워 형태를 잡는다.
3 나사를 조여서 더욱 팽팽하게 만들어준다.

❋ 도안 옮기기

  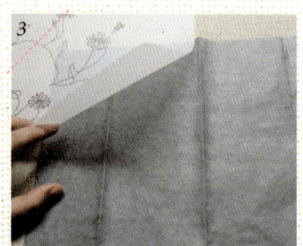

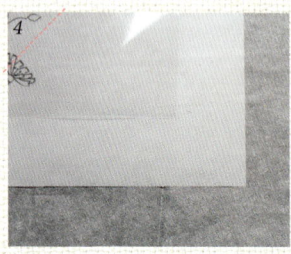  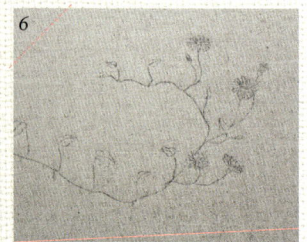

1 도안 위에 트레이싱 페이퍼를 놓고 펜으로 따라 그린다.
2 원단에 수놓을 위치를 정한 후 테이프로 고정시킨다.
3 원단과 트레이싱 페이퍼 사이에 복사지를 뒤짚어서 넣는다.
4 트레이싱 페이퍼 위에 opp필름을 깐다(도안 손상을 줄여준다).
5 원단에 도안이 잘 옮겨지고 있는지 확인하면서 철필로 도안을 따라 그린다.
6 진하게 그려진 경우에는 테이프나 지우개로 눌러 먹선을 연하게 만든다.

스티치와 바느질

❁ 스티치 기법

서양 자수와 동양 자수의 스티치 기법은 이름만 다를 뿐, 방법은 같다. 대표적으로 많이 쓰는 스티치인 아웃라인 스티치는 이음수, 새틴 스티치는 평수, 롱앤드쇼트 스티치는 자련수, 프렌치노트 스티치는 매듭수 등으로 불린다. 각 나라의 자수는 모양과 기법은 거의 비슷하지만 다른 이름으로 정착하여 발전했다. 이 책에 나온 작품들은 스티치 기법을 최소화하며 간결한 아름다움을 추구하고자 했다. 특히 야생화에 가장 어울리는 롱앤드쇼트 스티치(자련수)를 가장 많이 사용했다. 시간과 정성이 많이 들어가고 고난도의 실력을 요하는 스티치로 스티치 기법의 정점이라 할 수 있다.

 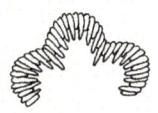

러닝 스티치(running stitch/홈질)
기본 스티치로 일정한 간격을 유지하며 라인을 표현하기 적합하다.

레이지 데이지 스티치
(lazy-daisy stitch)
꽃잎이나 작은 잎을 표현할 때 사용한다.

롱앤드쇼트 스티치
(long and short stitch/자련수)
자연스러운 그러데이션 표현이 가능한 스티치로 바늘땀을 길고 짧게 연속하여 떠준다.

 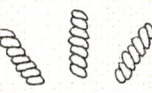 

리프 스티치(leaf stitch)
나뭇잎, 꽃잎 등 잎사귀를 표현하기에 좋은 스티치.

불리온 스티치(bullion stitch)
바늘에 실을 감은 뒤 뽑아낸, 기다란 매듭과 같이 입체감이 있는 스티치 기법으로 꽃의 수술 또는 장미꽃을 수놓을 때 좋다.

새틴 스티치(satin stitch/평수)
면을 메우는 스티치 기법으로 일정한 각도를 유지하도록 한다. 올이 들뜨지 않도록 땀은 1cm가 넘지 않는 것이 좋다.

스트레이트 스티치(straight stitch)
직선으로 한 땀씩 수놓는 스티치 기법이며 바늘땀의 길이, 방향, 방법에 따라 다양한 형태의 수를 놓을 수 있다.

아우트라인 스티치
(outline stitch/이음수)
바늘땀이 겹치도록 하여 외곽선을 나타낼 때 사용하며 직선이나 곡선을 깔끔하게 표현할 수 있다. 꽃대를 수놓을 때 주로 사용한다.

체인 스티치(chain stitch/사슬수)
체인과 같이 고리가 이어진 스티치.

카우칭 스티치
(couching stitch/징금수)
실을 라인에 맞춰 놓고 다른 실로 고정시키는 스티치.

프렌치 노트 스티치
(French knot stitch/씨앗수)
바늘땀의 위치, 실을 감는 횟수, 실을 당기는 힘에 따라 크기와 모양이 다른 스티치 기법으로 매듭을 짓는 방식이다.

스템 스티치(stem stitch)
가지, 줄기라는 뜻으로 식물의 잎사귀나 줄기에 쓰는 스티치. 아우트라인 스티치를 중복해서 수놓을 때도 스템 스티치라고 부른다.

시드 스티치(seed stitch)
넓은 면을 메울 때 사용하는 스티치로 백 스티치처럼 수놓는다. 꽃의 풍성한 수술을 표현하기에 적당한 스티치 기법이다.

도트 스티치(dot stitch/점수)
작은 점이란 뜻으로, 작은 바늘땀 모양의 자수 기법이다.

바느질 기법

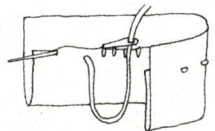

공그르기
공금질이라고도 하며 주로 단을 꿰매거나 고정시킬 때 사용한다.

반박음질
박음질보다 반 땀 뒤로 뜨며 겉에서 봤을 때 바늘땀의 길이와 간격이 일정하다.

온박음질
실을 곱걸어 꿰는 바느질로 바늘땀이 반듯하게 직선으로 나간다.

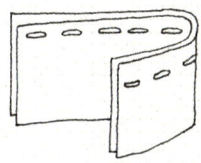

홈질
손바느질의 기본으로 두 장의 원단을 이을 때 많이 사용되며 원단 안과 밖의 바늘땀을 균일하게 하는 바느질이다.

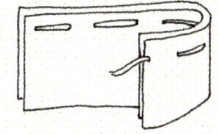

시침질
두 장의 원단이 떨어지거나 밀리지 않도록 임시로 고정시키거나 박음선 표시를 위해 사용한다.

책에 나오는 바느질 용어 설명

식서방향
원단이 풀리는 방향으로 잘 늘어나지 않는다.

푸서방향
식서방향의 직각 방향으로 원단의 폭 방향이다. 잘 늘어난다.

창구멍
소품을 만들 때 안팎을 뒤집어 빼내기 위해 꿰매지 않은 부분.

바이어스테이프
원단의 올이 풀리지 않게 원단에 덧대는, 천을 일정한 폭으로 마름질하여 만든 테이프.

가위집
곡선 부분에 주름이 가지 않도록 시접을 조금 잘라주는 것.

자수 조각
소품을 만들 때 원단에 덧대거나 하는, 자수를 놓은 천 조각.

자수가 완성되는 과정

❀ 연꽃이 완성되는 과정

❀ 두메양귀비가 완성되는 과정

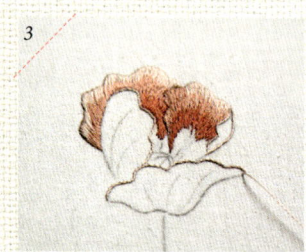

🌼 수국이 완성되는 과정

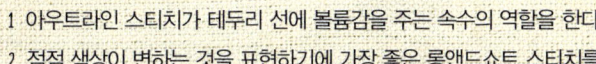

1 아우트라인 스티치가 테두리 선에 볼륨감을 주는 속수의 역할을 한다.
2 점점 색상이 변하는 것을 표현하기에 가장 좋은 롱앤드쇼트 스티치를 사용한다.
3 연한 색상부터 3~4단계 그러데이션으로 색을 섞어준다.

수국이 피었습니다 꽃이 자수가 되기까지

  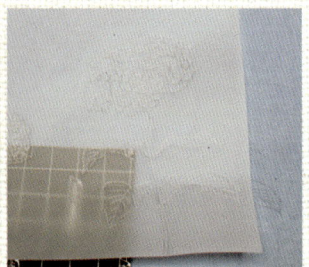

1 카메라와 스케치북, 연필을 챙긴다. 꽃을 찾아다니다 보면 시간이 가는 줄 모르기 때문에 목마를 때 마실 물과 초콜릿도 챙겨본다. 어떤 야생화를 만나게 될까, 설레는 마음으로 꽃을 사진에 담고 그림으로 그리고 다시 자수로 수놓는 과정을 오롯이 즐길 마음의 준비를 한다.

2 야생화는 관심만 가지면 우리 가까이에서도 쉽게 찾을 수 있다. 그렇게 찾은 마음에 드는 꽃들을 카메라에 담는다.

3 사진을 찍은 꽃을 스케치북에 옮긴다. 사진을 그대로 따라 그리기보다는 독특하고 개성 있는 꽃의 특징이 잘 드러나도록 자연스럽게 재구성한다.

4 스케치를 완성한 후 색연필을 이용해서 색을 미리 입혀본다. 같은 꽃이라도 저마다 다양한 색깔을 가지고 있기 때문에 마음에 드는 색의 조화를 만들어보자. 면사로 표현할 수 있는 형태로 도안화 작업에 들어간다.

5 펜을 이용해서 트레이싱 페이퍼에 도안을 옮긴 다음, 꽃의 느낌을 잘 살릴 수 있는 원단을 선택해서 먹지를 놓고 철필로 따라 옮긴다.

6 적절한 스티치 기법을 응용해서 꽃을 수놓는다.

7 야생화 자수는 동양화를 그리듯 여백 처리에 고민해야 한다. 그림을 그리는 것과 마찬가지로 구도를 잘 잡으면 더욱 훌륭한 작품이 된다. 대상을 정중앙에 놓는 구도는 단조로우므로 꽃이 바라보는 방향이나 줄기가 뻗은 쪽의 공간을 더 많이 두는 편이 더 자연스럽다.

8 자수를 마치고 다림질로 마무리해주면 나만의 야생화 자수 완성.

TIP
도안을 원단에 옮길 때 트레이싱 페이퍼 위에 opp필름을 놓고 그리면 철필이 더 매끄럽게 그려진다. 도안이 훼손되지 않아서 다시 사용할 수도 있다. 자수를 위한 opp필름은 따로 판매하지 않으므로 노트 같은 문구류의 포장이나 일반적으로 쓰는 얇은 비닐봉투를 사용하면 된다.

야생화 도안 그리기
야생화를 천에 옮길 때는 꽃을 그대로 그리기보다는 꽃의 특징을 드러나도록 자연스럽게 재구성하여 단순화 작업을 해야 한다. 여백을 살리는 동양화처럼 야생화자수 또한 여백이 주는 아름다움이 작품의 품격을 좌우한다. 보통은 식물이나 꽃을 한가운데 놓고 그리는데, 줄기가 뻗은 방향이나 꽃이 바라보는 방향을 넉넉히 남기는 것이 좋다. 즉 화면에서 가로, 세로의 황금비율이 만나는 포인트에 배치하면 안정감 있고 무난한 구도가 된다.

부록
−
'야생화 자수,
시와 만나다'에 사용된
자수 도안과 설명

* 스티치 설명에서 ①, ②는 실의 가닥입니다.

01 꽃(바람꽃)

꽃
BLANC, 744
새틴S ①, 프렌치노트S ①

줄기
367, 471 스템S ①

잎
368, 369, 320
롱앤드쇼트S ①

02 개망초

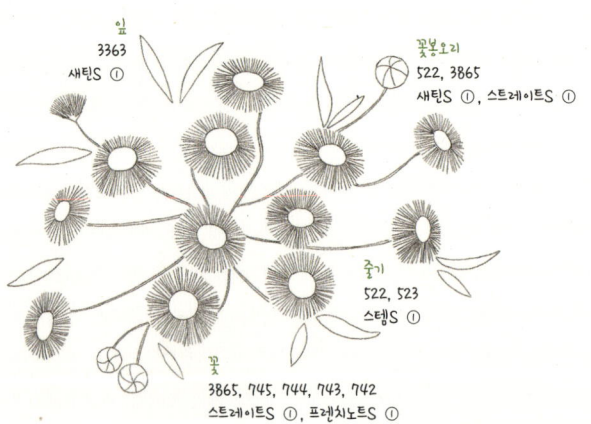

잎
3363
새틴S ①

꽃봉오리
522, 3865
새틴S ①, 스트레이트S ①

줄기
522, 523
스템S ①

꽃
3865, 745, 744, 743, 742
스트레이트S ①, 프렌치노트S ①

03 쑥부쟁이

나비
3747, 341, 156, 340, 211, 209, 554, 834, 727, 726
롱앤드쇼트S①, 새틴S①, 아우트라인S①

꽃
211, 209, 341, 3747, 3609, 3607, 819, 963, BLANC, 3756, 3841, 153, 554
롱앤드쇼트S①, 프렌치노트S①

줄기, 잎
3364, 3363, 523, 3053, 524, 502, 369, 989, 562
스템S①, 새틴S①

수술
727, 369

04 들꽃(꽃마리)

BLANC, 162, 827, 813, 744, 743
롱앤드쇼트S①, 스트레이트S①

줄기, 잎
772, 3348, 3347, 3346, 3345
줄기는 스템S①, 잎은 롱앤드쇼트S①

05 솔체꽃

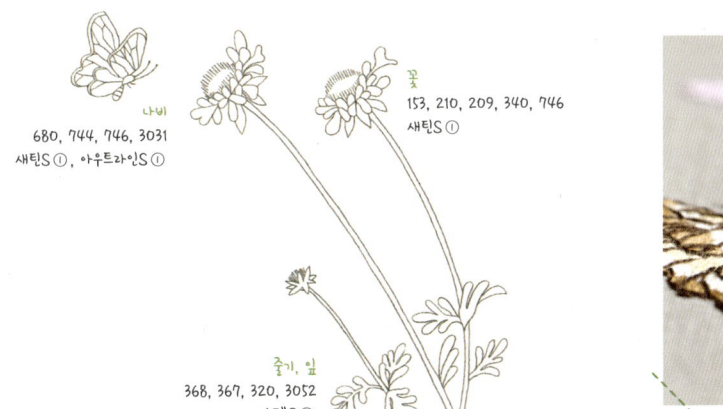

나비
680, 744, 746, 3031
새틴S ①, 아우트라인S ①

꽃
153, 210, 209, 340, 746
새틴S ①

줄기, 잎
368, 367, 320, 3052
스템S ①

06 별리(금강초롱)

줄기
3863, 3864
스템S ①

꽃
BLANC, 153, 210, 211, 155
롱앤드쇼트S ①

잎
504, 503, 502, 501
새틴S ①, 롱앤드쇼트S ①

07 그 말(깽깽이풀)

꽃
BLANC, 153, 154,
209, 211, 210, 155
롱앤드쇼트S ①

수술
744 / 새틴S ①

줄기
612, 471, 3364, 372
스템S ①

잎
911, 913, 955, 369, 368,
523, 524, 3363
롱앤드쇼트S ①

08 꽃무릇

꽃
3705, 3801, 666, 321, 304, 819
롱앤드쇼트S ①

수술
351, 3852, 712
새틴S ① , 시드S ②

줄기
470, 469 / 스템S ①

09 개양귀비(두메양귀비)

수술
744, 780
불리온S①, 프렌치노트S①

꽃
353, 352, 350, 304
롱앤드쇼트S①

줄기
3348, 368, 320, 319
스템S①

10 메꽃

수술
B5200
새틴S, 프렌치노트S ①

줄기
369, 702, 913, 911, 3013
스템S ①

꽃
819, 3326, 899, 335, 746
롱앤드쇼트S ①

잎
913, 912, 955, 954, 505
롱앤드쇼트S ①, 새틴S ①

11 백목련

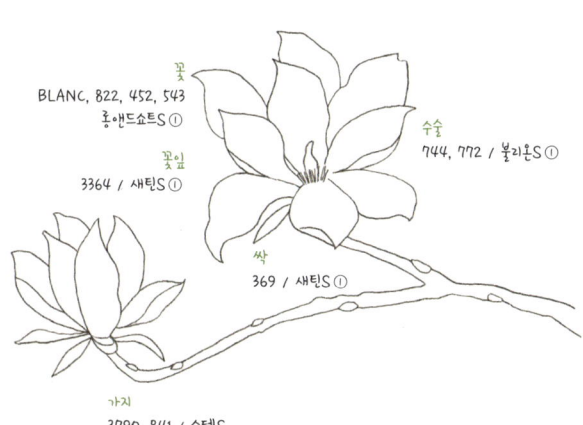

꽃
BLANC, 822, 452, 543
롱앤드쇼트S ①

꽃잎
3364 / 새틴S ①

수술
744, 772 / 불리온S ①

싹
369 / 새틴S ①

가지
3790, 841 / 스템S

12 수수꽃다리

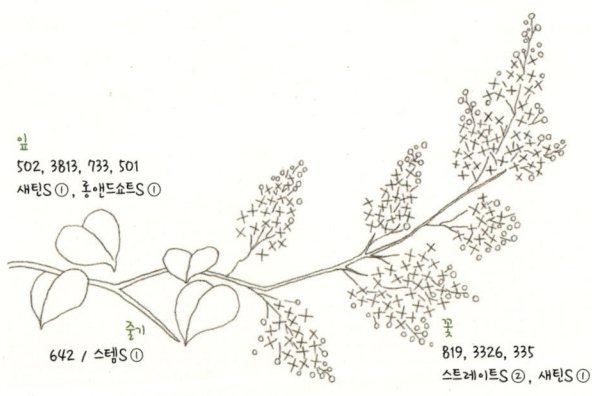

잎
502, 3813, 733, 501
새틴S①, 롱앤드쇼트S①

줄기
642 / 스템S①

꽃
819, 3326, 335
스트레이트S②, 새틴S①

13 술패랭이꽃

꽃
BLANC / 스트레이트S ①

꽃봉오리
BLANC, 772 / 롱앤드쇼트S ①

꽃대, 줄기
772, 581, 937, 472
롱앤드쇼트S ①, 스템S ①

잎
3363, 3053, 434, 436
롱앤드쇼트S

14 구름(억새풀)

억새
BLANC, 435, 738, 372, 3012
체인다닝 ①

줄기
372, 3012, 434, 435
스템S ①

15 자목련

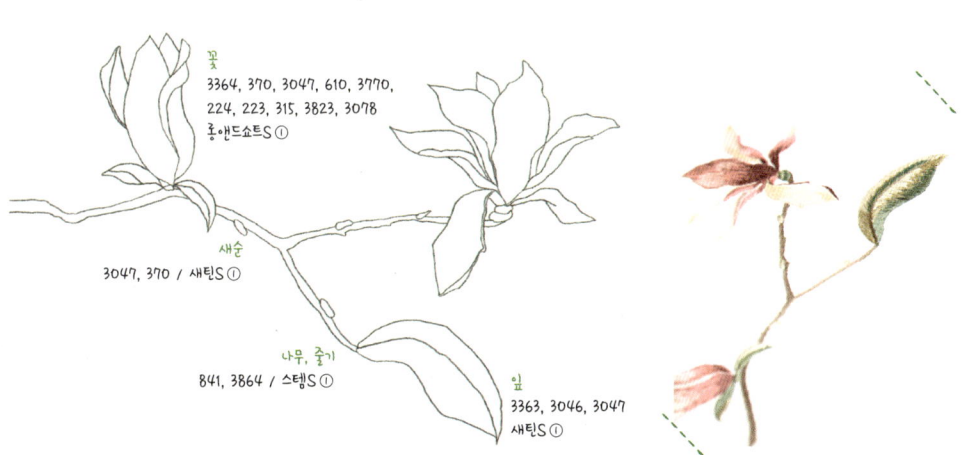

16 꽃그늘(제주달구지풀)

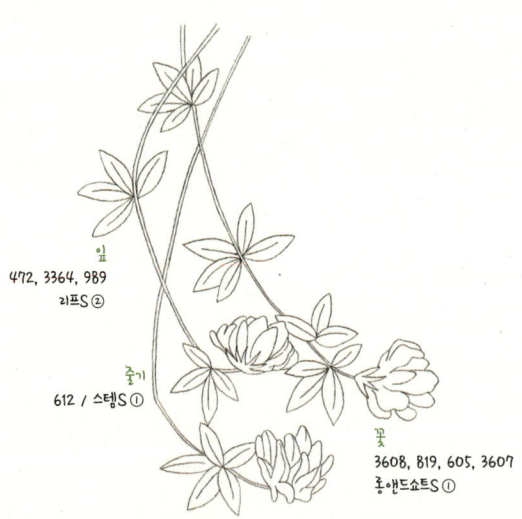

잎
472, 3364, 989
리프S ②

줄기
612 / 스템S ①

꽃
3608, 819, 605, 3607
롱앤드쇼트S ①

17 일요일(조뱅이)

꽃
3689, 3609, 819, 151, 3733
스트레이트S ①

줄기, 잎
368, 369, 320, 367
줄기는 스템S ①,
잎은 롱앤드쇼트S ①

꽃대
368, 369, 320
롱앤드쇼트S ①

18 그건 그렇다고(좀씀바귀꽃)

꽃
744, 743, 742, 726, 725,
783, 780, 420, 3828
롱앤드쇼트S①, 스트레이트S①

잎, 줄기
368, 320, 367, 164,
989, 988, 987
스템S①, 새틴S①, 리프S②

19 찔레꽃

수술
744, 729, 3045
프렌치노트S ①

꽃
746, 353, 951
롱앤드쇼트S ①

잎
772, 3013, 3011, 3364
새틴S ①

줄기
611, 3011, 3013 / 스템S ①

20 후회(참작약)

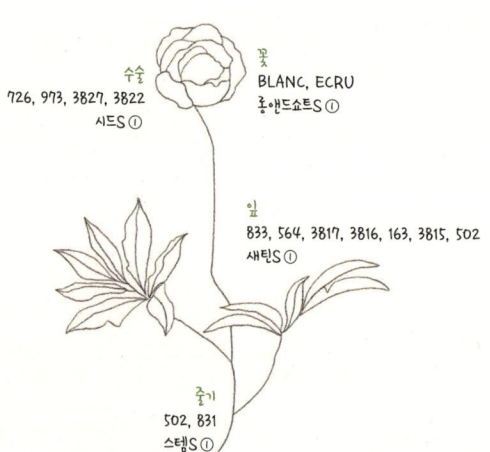

수술
726, 973, 3827, 3822
시드S ①

꽃
BLANC, ECRU
롱앤드쇼트S ①

잎
833, 564, 3817, 3816, 163, 3815, 502
새틴S ①

줄기
502, 831
스템S ①

21 구절초

꽃
ECRU, BLANC, 727, 369
새틴S ①, 프렌치노트S ②

잎, 줄기
368, 320, 367, 472, 471, 470, 469
잎은 리프S ②, 줄기는 스템S ①

22 쾌청(수국)

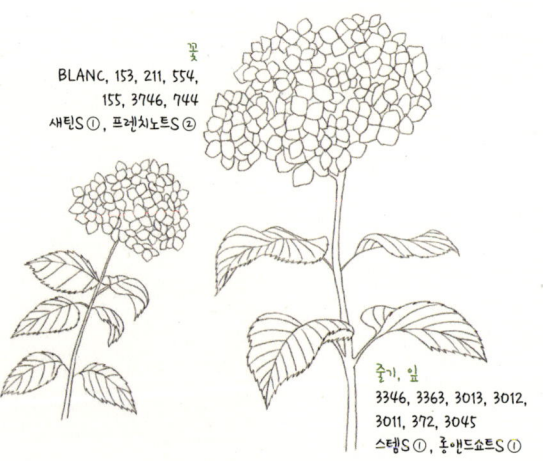

꽃
BLANC, 153, 211, 554,
155, 3746, 744
새틴S①, 프렌치노트S②

줄기, 잎
3346, 3363, 3013, 3012,
3011, 372, 3045
스템S①, 롱앤드쇼트S①, 레이지데이지S②

23 싸리꽃

벌
725, 3031, 762
새틴S①, 스트레이트S①

꽃
210, 209, 3607, 3609, 819, 153
새틴S①

잎, 줄기
369, 725, 320, 367, 500
새틴S①, 스템S①

24 꽃신

733, 3685, 3041, 580, 926,
3808, 225, 761, 금사
아우트라인S①, 새틴S①, 뱀①S, 스트레이트S①,
레이지데이지S①, 프렌치노트①, 카우칭①

25 꽃 수(개구리갓)

꽃
744, 743 / 새틴S①,
프렌치노트S①, 스트레이트S①

수술
772, 743, 612

잎
3346, 471 / 아웃라인S①

줄기
3345, 471 / 스템S①

26 봄밤(모란)

잎
734, 367, 320, 368, 369
새틴S ①

수술
743, 745, 420, 610
불리온S ①

꽃
818, 3608, 718, 915,
3607, 3609, 153, 819
롱앤드쇼트S ①

줄기
611 / 스템S ①

27 여 행(상사화)

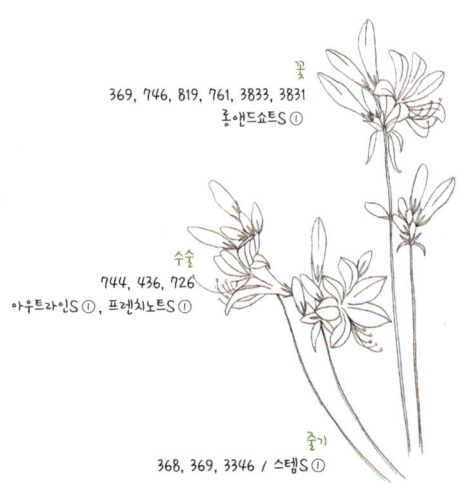

꽃
369, 746, 819, 761, 3833, 3831
롱앤드쇼트S ①

수술
744, 436, 726
아웃라인S ①, 프렌치노트S ①

줄기
368, 369, 3346 / 스템S ①

28 사는 법(무릇)

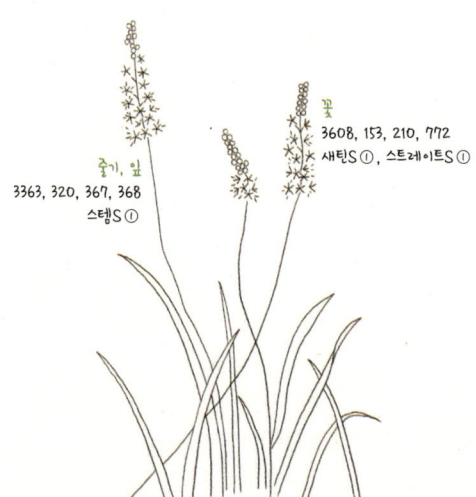

꽃
3608, 153, 210, 772
새틴S①, 스트레이트S①

줄기, 잎
3363, 320, 367, 368
스템S①

29 민들레

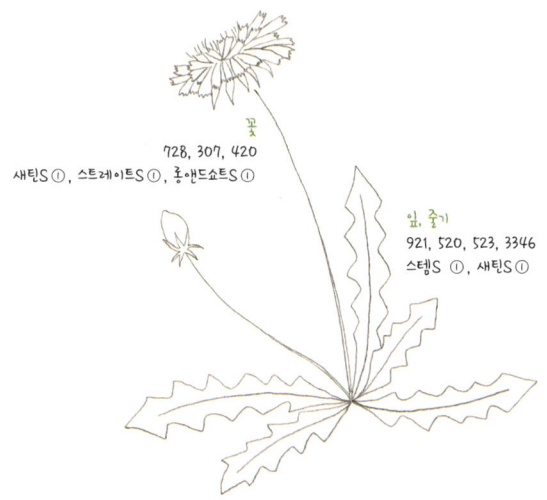

꽃
728, 307, 420
새틴S①, 스트레이트S①, 롱앤드쇼트S①

잎, 줄기
921, 520, 523, 3346
스템S①, 새틴S①

30 팬지

노랑꽃
680, 3078, ECRU, 727, 725, 726, 445
롱앤드쇼트S①, 새틴S,
아우트라인S①, 프렌치노트S①

파랑꽃
3325, 3841, 3756, 322, 3755

분홍꽃
819, 3326, 899, 335, 326

줄기
3346, 989, 164, 369
스템S①

31 연꽃

연잎
504, 503, 501, 502, 163
롱앤드쇼트S①

줄기
3022, 524, 3053
스템S①

연꽃
746, 3047, 743, 819, 603,
3350, 604 / 롱앤드쇼트S①

32 연꽃그림(연잎)

연잎
772, 369, 368, 320, 502, 501, 500, 562,
472, 165, 581, 830, 3865
아우트라인S①, 롱앤드쇼트S①, 스템S①

연꽃
S819, 3326, 818, 369, 368, 165, 164, 772
아우트라인S①, 롱앤드쇼트S①

부록

—

책에 사용된
패턴

룸슈즈 패턴 이 패턴은 50% 축소 크기입니다.

차주머니 패턴   이 패턴은 50% 축소 크기입니다.

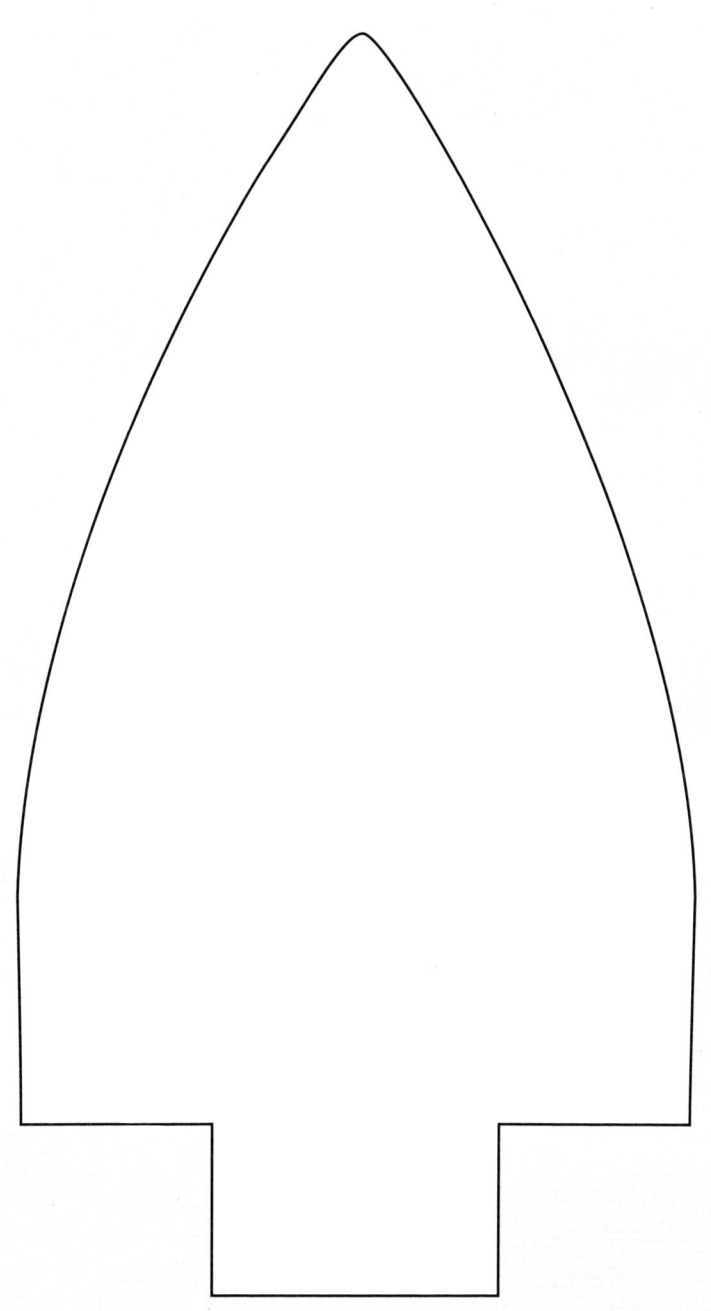

배냇저고리 패턴(앞판) 이 패턴은 50% 축소 크기입니다.

배냇저고리 패턴(뒤판) 이 패턴은 50% 축소 크기입니다.

**야생화 자수,
시가 되다**

초판 1쇄 발행 2014년 6월 20일
초판 13쇄 발행 2023년 6월 12일

저자 김주영
시 나태주

발행인 이재진
단행본사업본부장 신동해 **편집장** 김예원
사진 스튜디오 아프리카 **스타일링** 송정민
디자인 나이스 에이지 **일러스트** 로테
장소 협찬 임실 문화공간 하루 **교정·교열** 장지은
마케팅 최혜진 신예은 **홍보** 반여진 허지호 정지연 **제작** 정석훈

브랜드 웅진리빙하우스
주소 경기도 파주시 회동길 20 ㈜웅진씽크빅 단행본사업본부
문의전화 031-956-7357(편집) 031-956-7129(마케팅)
홈페이지 www.wjbooks.co.kr
인스타그램 www.instagram.com/woongjin_readers
페이스북 https://www.facebook.com/woongjinreaders
블로그 blog.naver.com/wj_booking

발행처 ㈜웅진씽크빅
출판신고 1980년 3월 29일 제426-2007-000046호

ⓒ 김주영, 2014
ISBN 978-89-01-16546-2 13630

웅진리빙하우스는 ㈜웅진씽크빅 단행본사업본부의 브랜드입니다.
이 책은 저작권법에 따라 보호받는 저작물이므로 무단 전재와 무단 복제를 금지하며,
이 책의 전부 또는 일부를 이용하려면 반드시 저작권자와 ㈜웅진씽크빅의 서면동의를 받아야 합니다.

* 잘못된 책은 바꾸어 드립니다.
* 책값은 뒤 표지에 있습니다.